Handbuch für die Praxis

Armin Krenz

Elementarpädagogik
aktuell

Die Entwicklung des Kindes
professionell begleiten

© 2013
Burckhardthaus-Laetare, Körner Medien UG, München

Alle Rechte, auch die des auszugsweisen Nachdrucks, der foto-
mechanischen Wiedergabe sowie der Übernahme auf Ton-/
Bildträger vorbehalten. Ausgenommen sind fotomechanische
Auszüge für den eigenen wissenschaftlichen Bedarf.

Umschlaggestaltung: Patricia Fuchs, AVR, München
Umschlagfoto: Igor Yaruta – Fotolia.com (http://Fotolia.com)
Fotos im Innenteil: Daphne Barchewitz
Satz und Layout: Sigrun Borstelmann, München
Druck und Verarbeitung: Publikum, Belgrad

www.burckhardthaus-laetare.de
ISBN 978-3-944548-01-2

Inhalt

Vorwort

Wer mit Kindern lebt bzw. arbeitet, unabhängig davon, ob es nun die eigenen oder einem beruflich anvertraute Kinder sind, ist auf ganz unterschiedliche Weise von ihnen berührt. Auf der einen Seite stecken Kinder voll Fantasie und Kreativität, sind neugierig und spontan, lebendig und mit großem Engagement bemüht, ihre Ideen in die Tat umzusetzen. Auf der anderen Seite sind sie aufgrund von Erlebnissen und Erfahrungen, die ihr „Kindsein" erschweren, manchmal auch voll Traurigkeit. Trennungserlebnisse, Ohnmachtsgefühle und die Erfahrung, manchen Situationen hilflos ausgeliefert zu sein, drücken unweigerlich ihren Stempel in die Kinderseele und tragen dazu bei, dass Kinder tief verletzt sind oder resigniert die Augen vor der Zukunft verschließen. Kindsein kann schön sein, Kindsein kann auch schwer sein. Im Laufe meiner Berufspraxis hatte ich das Glück, Hunderte von Kindern kennenlernen zu dürfen, die sich offen oder zurückhaltend, interessiert oder verschlossen, fröhlich oder mit versteinerter Miene auf das Wagnis Leben eingelassen haben/einlassen mussten. Es gab wundervolle, aber auch erschreckende Begegnungen. Immer wurde eines deutlich: Kinder sind auf der Suche nach sich selbst. Das ist ein natürlicher Vorgang – Identitätssuche und Selbstexploration genannt –, der sich zu allen Zeiten und an allen Orten dieser Welt vollzieht.

Kein Kind ist von sich aus böse, vielmehr sind es eigene Gewalterfahrungen, die manche Kinder dazu bringen, andere zu verletzen, getreu dem Motto „Geteiltes Leid ist halbes Leid". Kein Kind ist von sich aus aggressiv, vielmehr sind es Erlebnisse, die Kinder über- beziehungsweise unterfordern. Kein Kind ist von sich aus ängstlich, vielmehr gibt es zurückliegende Eindrücke, die nun in der Angst ihren Ausdruck finden. Kinder wollen selbst werden, ihre eigene und die um sie herum existente Welt erschließen. Sie möchten sich aus der Welt der Abhängigkeiten in eine Dimension der Unabhängigkeit bringen. Sie sind auf der Suche nach Welterfahrung und wünschen nichts sehnlicher, als sich selbst zu konstruieren. Dazu brauchen sie ein Umfeld, das ihnen hilft und es ihnen ermöglicht, diese elementaren Erfahrungen machen zu können. Dabei spielt der Kindergarten – der Garten für Kinder – eine ganz besondere Rolle im Entwicklungsprozess der ersten sieben Lebensjahre. Neben der familialen Pädagogik prägen diese Einrichtungen die Kinder durch Methodik/Didaktik, besondere Merkmale der ErzieherInnen, die Raumgestaltung (Innen- und Außenräume), die erlebte Umgangs- und Kommunikationskultur sowie durch ihre gesamte Atmosphäre. Das Kind erlebt sich hier täglich in ungezählten Situationen als Subjekt oder Objekt, erfährt Wertschätzung oder Geringschätzung, Freude oder Trauer, Glück oder Unglück, Respekt oder Respektlosigkeit, Annahme oder Ablehnung, Entwicklungsanregungen von wirklicher Bedeutung oder Entwicklungsblockaden aufgrund langweiliger Tagesabläufe und Gestaltungsschablonen.

In den letzten Jahrzehnten der Kindergartenpädagogik sind viele Forderungen an ihre Gestaltung formuliert worden. Sei es durch das „Berufsbild der ErzieherIn", die wegweisenden Aussagen im „Kinder- und Jugendhilfegesetz", in der UN-Charta „Rechte des Kindes", in einigen (nicht allen!) fortschrittlichen „Kindertagesstättengesetzen der Bundesländer" oder in den unterschiedlichen Qualitätsoffensiven, die alle das Wohl des Kindes in schöne Worte gekleidet haben. Doch wie so häufig besteht ein großer Unterschied zwischen Theorie und Praxis: Einige Kindergartenkonzeptionen lesen sich wie Auszüge aus der Beschreibung des Gartens Eden – und sind doch nur inhaltsleere Worthülsen. Manche Konzepte versprechen Qualität - und richten sich doch nur an den Wünschen der Eltern aus.

Pädagogik lebt von den Personen, die sich um die Entwicklung der Kinder kümmern. Sie sind letztlich diejenigen, die der Einrichtung und damit auch den Kindern ihren unverwechselbaren Stempel aufdrücken. Darüber und in Kenntnis der Grundbedürfnisse, die Kinder für ihr seelisches Wachstum haben, sowie aufgrund der Erfahrung, wie bedeutsam die elementarpädagogische Arbeit für Kinder ist, habe ich immer wieder versucht, in den verschiedenen Fachbeiträgen das Bewusstsein von ErzieherInnen für kindliche Entwicklungsvorgänge zu schärfen und gleichzeitig daran mitzuarbeiten, dass Kindergartenpädagogik fortwährend professioneller wird.

Von den über 300 Artikeln, die mittlerweile in unterschiedlichen Fachzeitschriften veröffentlicht worden sind, liegt nun eine erste Zusammenstellung vor, in der bedeutsame Aspekte einer professionellen Entwicklungsbegleitung in einer humanistisch und qualitätsgeprägten Elementarpädagogik beschrieben werden. Die Auswahl der Aufsätze wurde vor allem dadurch getroffen, indem Beiträge aufgenommen wurden, die von Kolleginnen unterschiedlicher Kindertagesstätten besonders häufig angefordert worden waren. Insofern entspricht die Auswahl der Aufsätze nicht einer subjektiven Zusammenstellung des Autors, sondern vielmehr einer Antwort auf Praxisanfragen.

Aufmerksame LeserInnen werden daher vielleicht auf zwei Fragen stoßen:

1. Warum wurden in diesem Buch auch einige Artikel berücksichtigt, die schon etwas älter sind?

2. Warum scheinen in diesem Buch einige wenige Beiträge Überschneidungen aufzuweisen, die auf den ersten Blick wie partielle Doppelungen aussehen?

Zum einen zeigt sich in der PRAXIS, dass es immer wieder GRUNDSATZFRAGEN gibt, die schon vor fünf oder mehr Jahren heftig diskutiert und unterschiedlich beantwortet wurden, bei genauerem Betrachten aber immer noch eine hohe aktuelle Bedeutung haben. Denken wir nur an die Diskussion zum Bildungsauftrag in Kindertagesstätten, ausgelöst durch die Studie PISA 2000. Die Frage nach der Gestaltung des eigenständigen

Bildungsauftrags von Kindertagesstätten beschäftigte schon vor 30 Jahren die Politik, Wissenschaft und Praxis. Oder denken wir nur an die langjährigen Auseinandersetzungen zum professionellen Berufsverständnis elementarpädagogischer Fachkräfte: eine Diskussion, die gerade in den Zeiten einer „Qualitätssicherung" von höchster Bedeutung ist. Insofern werden diese und ähnliche Grundsatzfragen auch heute noch kontrovers in entsprechenden Fachforen und in ungezählten Kindertagesstätten aufgenommen und besprochen, in Fachzeitschriften aufgegriffen und in unterschiedlichen Fortbildungsseminaren fokussiert. Zum anderen gibt es „thematische Evergreens", die je nach einer besonderen Schwerpunktsetzung einen ganz besonderen Aspekt eines Themas beleuchten und damit spezifische Betrachtungen ermöglichen. So kann beispielsweise eine „Psychologie des Spiels" unter dem Aspekt „Spielen und Lernen" oder den Begriffen „Spielfähigkeit und Schulfähigkeit", „spielerische Intelligenz vs. kognitive Intelligenz", „Begabung vs. Schulfähigkeit" usw. betrachtet werden. Schon kleinste andere Schwerpunktsetzungen geben jedem Artikel einen eigenen Richtungsaspekt. Um diese Besonderheit zu wahren, wurden auch ähnlich wirkende Beiträge bewusst berücksichtigt, um möglichst vielen interessierten LeserInnen ein dediziertes Leseinteresse zu ermöglichen.

Mögen die Inhalte der Artikel dazu beitragen, dass Kinder wieder zu ihren hundert Sprachen zurückfinden, ihre hundert Hände nutzen können/wollen, ihre hundert Gedanken ins Spiel bringen und dabei auf ErzieherInnen stoßen, die ihnen dabei helfen, ihr Leben neu zu entdecken, reichhaltig zu erfahren und damit ihr Kindsein zusammen mit den großen Menschenkindern genießen zu können, getreu den wirklichen Grundsätzen des Lebens: „Wer nicht genießt, ist ungenießbar" oder „Wer mit Kindern wirklich lebt, kommt aus dem Staunen nicht mehr heraus".

Prof. Dr. Armin Krenz

Unsere Kinder – unsere Zukunft

Wie wertvoll sind uns unsere Kinder?

Was wir dazu beitragen können, damit Kinder sich angenommen und verstanden fühlen

Jedes Kind möchte beachtet, anerkannt und geliebt werden. Eltern und ErzieherInnen haben tagtäglich die Möglichkeit, ihren Kindern auf irgendeine Weise die Aufmerksamkeit und Achtung entgegenzubringen, die diese brauchen, um ein gesundes Selbstwertgefühl zu entwickeln. Immer mehr Kinder und Jugendliche fallen in ihrem Verhalten „aus der Rolle", sei es durch plötzliche Wutanfälle, aggressive Unmutsäußerungen, tiefe Resignation oder lautes Schreien. Desgleichen nässen Kinder plötzlich wieder ein, obwohl sie schon trocken waren. Andere Kinder zeigen Sprachauffälligkeiten, ohne dass eine körperliche Ursache festzustellen ist, oder verhalten sich planlos und hektisch, obgleich ärztliche Untersuchungen keinen Befund erbringen. Aber auch Kinder, die starken Stimmungsschwankungen ausgeliefert sind, geben ihren Eltern, Geschwistern, ErzieherInnen und Lehrerinnen Rätsel auf.

Auffällig ist, dass es bei all diesen Kindern und Jugendlichen häufig etwas Gemeinsames gibt: bestimmte Erlebnisse und Erfahrungen, die dazu geführt haben, dass sie sich in ihrer

Persönlichkeit nicht angenommen fühl(t)en oder Geringschätzung erfahren mussten.

Was Kinder heute brauchen

Viele Kinder und Jugendliche erleben heutzutage, dass ihr Tagesablauf, ja selbst ihre Zukunft bezüglich Schule und Beruf schon „programmiert" und ihre Freizeit mit Kursen oder Trainingsstunden verplant ist. Nicht selten werden Kinder damit in ihrem Kindsein beschnitten. Was Kinder und Jugendliche heute brauchen, ist einerseits ein Gefühl von Sicherheit, andererseits aber auch die Möglichkeit, selbst Erfahrungen zu sammeln und in erster Linie freie, unverplante Zeit zu erleben. Sicherheit erfahren Kinder und Jugendliche, indem sie spüren, dass sie etwas können, stolz auf sich sein dürfen und dass vor allem Erwachsene zu ihnen halten, auch wenn mal etwas danebengeht. Sicherheit ist von herausragender Bedeutung für das eigene Selbstwertgefühl, welches wiederum der Motor dafür ist, sich mit der eigenen Person und mit anderen Menschen konstruktiv auseinanderzusetzen.

Eigene Erfahrungen ermöglichen es, aktiv zu lernen, eigene Gedanken zu entwickeln und Neues auszuprobieren, ohne die Verantwortung für ein Gelingen beziehungsweise Misslingen auf andere abzuschieben. Die Sorge vieler Erwachsener, dass Kinder bestimmte Aufgaben noch nicht bewältigen könn(t)en, führt zu einem überbehütenden, überfürsorglichen Verhalten. Die Folge ist häufig, dass Kinder die Lust verlieren, sich und ihr Können auf die Probe zu stellen, wertvolle eigene Erfahrungen zu sammeln und selbstständig zu handeln.

Um aber überhaupt Sicherheit zu erlangen und eigene Erfahrungen sammeln zu können, brauchen Kinder auch und vor allem Zeit. Sie ist notwendig, um im individuellen Rhythmus – mal langsamer, mal schneller – Vorhaben zu meistern, ohne gehetzt oder ermahnt zu werden. Dadurch wird es beispielsweise erst möglich, dass ein Kind seinen Wunsch, einen hohen Baum zu erklettern, ohne Druck in die

Realität umsetzen kann. Auch kann es auf diese Weise seine persönlichen Vorstellungen von gut und böse, richtig und falsch in der Praxis erproben. Mit dem Gefühl von Sicherheit, der Möglichkeit, eigene Erfahrungen zu sammeln und ausreichend Zeit zu haben, um den Alltag zu erleben, spüren die Kinder und Jugendlichen, dass es für sie einen Platz auf dieser Welt gibt.

Kindern mit Respekt begegnen

Ist es nicht gerade das, was wir den Kindern wünschen: einen Platz auf dieser Welt zu finden, sich wertvoll zu fühlen und glücklich zu sein?

Wer Kinder fragt, was ihnen an Erwachsenen gefällt und sie glücklich macht, kann aus ihren Antworten heraushören, wie sensibel Kinder ihr Umfeld wahrnehmen und beurteilen. Sie würden unter anderem sagen: „Erwachsene hören mir zu. Sie spielen und lachen mit mir, und dann ist es auch gar nicht so schlimm, wenn sie mal schimpfen. Erwachsene nehmen mich ernst und machen sich nicht über meine Sorgen lächerlich, nur weil sie meinen, sie hätten mehr Erfahrung. Sie halten auch zu mir, wenn mal etwas danebengeht oder ich mit einer schlechten Note nach Hause komme. Ihnen kann ich alles erzählen, und sie behalten es für sich. Meine Eltern sind zwar nicht gerade glücklich, wenn ich völlig verschmutzt vom Spielen komme, können aber nachempfinden, dass es mir Spaß gemacht hat, im Matsch zu graben. Sie zwingen mir kein Essen auf, sondern können damit leben, dass ich später oder weniger frühstücke. Sie lassen mich mitbestimmen und haben keinen Befehlston."

Wer Kindern mit Respekt begegnet und ihre Einmaligkeit begreift, sieht sie als das, was sie sind: Schätze dieser Welt! Kinder möchten verstanden und angenommen werden – so einzigartig und individuell, wie sie sind!

Ich bin einmalig!

Kinder wollen Neues ausprobieren, das eigene Können auf die Probe stellen und damit Sicherheit erlangen. Erwachsene müssen ihnen ihre Wertschätzung entgegenbringen. „Wertschätzung" bedeutet nicht mehr und nicht weniger, als den einmaligen Wert eines Kindes beziehungsweise Jugendlichen zu schätzen.

Kinder müssen zunächst die Möglichkeit haben, ihre Einmaligkeit zu spüren. Bedenkt man dies genauer, darf man sicher einmal kritisch fragen, ob denn ein zwei- oder dreijähriges Kind wirklich schon in Spielgruppen von 15 oder mehr Kindern soziale Erfahrungen sammeln muss, anstatt genügend Zeit und Ruhe zu haben, erst einmal sich selbst und sein näheres Umfeld intensiv kennenzulernen. Der Anspruch der Erwachsenen, Kinder möglichst früh „sozial zu machen", überfordert Kinder häufig.

Wertschätzung bringen wir Kindern dann entgegen, wenn wir ihnen die Möglichkeit geben, sich individuell zu entfalten, und zwar in einer Atmosphäre, in der sie sich aufgehoben und geborgen fühlen und sie eine feste Ansprechpartnerin beziehungsweise einen festen Ansprechpartner finden, wenn sie ihn brauchen und nicht erst, wenn irgendjemand Zeit für sie hat. Kinder erfahren Wertschätzung dadurch, dass Erwachsene mit ihnen gemeinsam nach Antworten suchen und nicht durch Besserwisserei ihre Macht unter Beweis stellen, dass sie nicht durch Ironie verletzt werden, sondern echte Anteilnahme ihr Leben begleitet, dass ihre individuellen Fähigkeiten und Schwächen erkannt werden und nicht ein ständiger Geschwister- oder Freundesvergleich ihre Einmaligkeit herabwürdigt.

Erwachsene zeigen Kindern ihre Wertschätzung auch dadurch, dass die Freude an der Entstehung eines Werks oder Vorhabens mehr zählt als die Makellosigkeit eines fertigen Produkts, dass sie sich auf das magische Denken von Kindern – etwa beim Vorlesen von Märchen – einlassen und nicht alles durch das Nadelöhr einer rationalen, verkopften Erwachsenenvernunft muss, dass sie in Stresssituationen dem ungestümen Bewegungsdrang der Kinder wohlwollende Beachtung schenken und sie eben nicht immer „still sitzen" müssen. Sie akzeptieren die natürliche Wissbegier der Kinder und gehen offen und ohne auf schulische Leistungen zu schielen auf sie ein. Sie blocken neugierige Fragen nicht als unwichtig oder störend ab. Sie verstehen auffällige Verhaltensweisen von Kindern und Jugendlichen zuallererst als Hilferuf, anstatt diese Kinder vorschnell zu verurteilen.

Bedürfnisse und Interessen verstehen

Dort, wo Erwachsene Kindern und Jugendlichen mit Respekt und Achtung als einer Form gelebter Wertschätzung begegnen, versteht es sich von selbst, dass dieses Merkmal einer guten Beziehung keine Methode darstellt, um bestimmte Ziele zu erreichen. Eine natürliche Wertschätzung zeigen diejenigen Erwachsenen, die Kinder einfach mögen, ungestüme oder ängstliche Verhaltensweisen verstehen, Zurückhaltung oder Lebendigkeit lieben und sich dabei an ihr eigenes Kindsein erinnern.

Wertschätzung verlangt von Eltern und ErzieherInnen Verständnis für die Bedürfnisse und Interessen ihrer Kinder, ein regelrechtes Eintauchen in die Kinderwelten und ein tiefes Begreifen der Bedeutung von Kinderwünschen. Dabei geht es nicht an erster Stelle darum, materielle Wünsche zu befriedigen, sondern vielmehr um Bedürfnisse zwischenmenschlicher Beziehungen: den Kindern zuzuhören, ihre Äußerungen ernst zu nehmen und auch in Gesprächen „zwischen den Zeilen lesen" zu können.

Kindern Wertschätzung entgegenzubringen sollte mit Freude und Selbstverständlichkeit zu unserer Umgangskultur gehören, genauso wie wir es für selbstverständlich halten, guten Freunden herzlich zu begegnen.

Wie du mir, so ich dir

Es ist allgemein bekannt, dass ein geringschätziger Umgang mit Kindern und Jugendlichen nicht selten dazu führt, dass diese ihre bitteren Erfahrungen an andere Weitergeben nach dem Motto: „Wie du mir, so ich dir." Oder: „Wenn man mich schlecht behandelt, behandle ich andere bzw. mich selbst eben genauso schlecht!" Richtig ist, dass es meist unbeabsichtigt und unüberlegt und sicher nicht mit böser Absicht geschieht, dass Erwachsene und Eltern geringschätzig mit Kindern umgehen. So kennen wir alle aus dem Alltag Situationen, in denen Eltern ein Kind vor anderen bloßstellen und damit seine Würde verletzen und seine Intimität zerstören. Wer sich einmal die Zeit nimmt zu zählen, wie oft wir Kinder kritisieren und wie oft wir sie loben, wird über das Unverhältnis erstaunt sein. Wertschätzung ist kein kurzes Entflammen einer „Goodwilltour", sondern ein grundsätzliches Merkmal im gemeinsamen Leben und Lernen mit Kindern und Jugendlichen.

Die Welt der Kinder und Erwachsenen – diese eine Welt – wie sie sich uns heute mit ihrer Umweltzerstörung und Gewalttätigkeit, ihrer Überheblichkeit Schwächeren gegenüber und ihrem zunehmenden Desinteresse am Nächsten darstellt, würde sicher anders aussehen, wenn wir den Begriff der WERTschätzung stärker achten und umsetzen würden. Doch auch hier darf in der Konsequenz nicht auf globale Zusammenhänge hingewiesen und die Verantwortung abgegeben werden: WERTschätzung beginnt im Umgang mit uns selbst und im Leben mit unseren Kindern: jeden Tag und jede Stunde.

Was brauchen Kinder?

In den vergangenen zwei Jahrzehnten haben sich Alltag, Lebenssituation und Lebensraum für die Kinder in unserer Gesellschaft stark verändert:

Kinder müssen eine ständige Zunahme an Erfahrungsverlusten hinnehmen

Wer mit Kindern arbeitet, wird sich sicher manchmal fragen, ob es wünschenswert wäre, heute noch einmal Kind zu sein. Da ist es naheliegend, zunächst nachzuspüren, wie es einem in der eigenen Kindheit ergangen ist, was gute und was schlechte Erinnerungen ausmachen. An was erinnern wir uns? Ans Höhlenbauen im Wald, an Versteckspiele in Kornfeldern, ans Bäumeklettern, an ausgelassene Spiele auf bunten Wiesen, an Fahrradtouren mit den Eltern, an die Wochenendfahrten zu Verwandten …

In der Erinnerung verklärt sich vieles, und schnell ist man versucht, einschränkende, verletzende, zerstörende und belastende Erfahrungen außen vor zu lassen. War da nicht auch die Strenge mancher Lehrer in der Schule, das eingeschränkte Spielmaterial zu Hause, die kleine Wohnung oder die leidige Gemüsesuppe, die trotz innerer Ablehnung gegessen werden musste?

Ungeachtet persönlicher Erfahrungen hat sich die Kindheit – das bestätigt die Forschung – in den vergangenen beiden Jahrzehnten drastisch verändert. Das Leben in unserer Gesellschaft wird für Kinder (und nicht nur für diese) immer unübersichtlicher. Sie können das Leben in all seinen Facetten nicht mehr in Ruhe und mit ausreichend Zeit wahrnehmen oder bestimmte Verhaltensmuster durchspielen und ausprobieren.

Die Entwicklungsphase Kindheit droht verloren zu gehen. Zu den einschneidendsten Veränderungen gehören:

- Kinder sind als Konsumenten entdeckt worden. Konsum, so wird ihnen versprochen, bedeutet Glück, und der Besitz bestimmter Markenprodukte ist zu seinem Gradmesser geworden. Dies betrifft inzwischen bereits die Kinder im Kindergartenalter. Das Habenmüssen und diesbezügliche Vergleichen verdrängt zunehmend andere elementare Bedürfnisse.

- Erfahrungen werden zunehmend aus zweiter Hand, aus dem übergroßen Angebot der Medien gewonnen. Für viele Kinder erschließt sich die Welt nur noch zum kleinen Teil über die eigene Aktivität. Fernsehen, Videospiele, Computer und Internet haben den Kinderalltag mittlerweile fest im Griff. Nicht nur zeitlich, sondern auch inhaltlich hinterlassen diese Medien ihre Spuren im Erleben der Kinder.

- Der Urlaub unterliegt zunehmend einem Anspruch, der sich nicht an den Bedürfnissen der Kinder orientiert. Für Kinder reicht es in der Regel völlig aus, gemeinsam mit den Eltern und anderen Kindern (Geschwistern) spielerisch ihre Umwelt zu entdecken. Die Reiseveranstalter und die Werbung suggerieren aber schon den Kindern, dass Urlaubsreisen in die entferntesten Winkel unserer Erde besonders attraktiv seien.

◻ Die hohe Bevölkerungsdichte Deutschlands hat zur Folge, dass der Einzelne immer weniger Platz hat. Das Straßennetz wird enger gezogen. Brachliegende Grundstücke, auf denen es sich ins unserer Kindheit herrlich spielen ließ und die zum Treffpunkt aller Kinder der Wohngegend wurden, gibt es immer seltener. Gepflegte Grünanlagen sind mit Regeln belegt, und öffentliche Spielplätze lassen wenig Raum für freies Spielen, da sie bestimmte Spielfunktionen vorgeben. Selbst dort, wo es noch Wald oder Wiesen gibt, ist es meist nicht mehr möglich, „mal eben" rauszugehen und andere Kinder zu treffen. Bedenkt man, dass es immer mehr Einzelkinder gibt, ist diese Entwicklung umso problematischer.

◻ Eltern versuchen, auf eingeschränkte Spielmöglichkeiten ihrer Kinder zu reagieren, indem sie deren Tagesrhythmus durch Kurse wie Judo-, Ballett- oder Klavierunterricht neben Kindergarten- oder Schulzeit strukturieren.

◻ Die Angst vor Gefahren, allein durch den Straßenverkehr, verhindert, dass sich die Kinder in der ihnen verbleibenden freien Zeit informell mit ihren Freunden treffen können. Wieder muss alles arrangiert und geregelt werden. Das Mobiltelefon ist für viele Kinder zum verlängerten Sprachrohr in einer anonymisierten Welt geworden. Spontane, lebendige Beziehungen der Kinder untereinander werden immer seltener.

Soziale Kompetenz lässt sich nur dadurch erlernen, indem man sich auf andere Menschen und deren Erfahrungen einlässt

Kinder hatten früher viel größere Chancen, sich in selbst organisiertem Maße zu entwickeln, selbst gewählte Freundschaften in selbstbestimmter Art zu gestalten und räumliche sowie persönliche

Schwerpunkte neben alltäglichen Verpflichtungen zu realisieren. Auf den Punkt gebracht bedeutet diese Entwicklung, dass das Kinderleben heute immer zerrissener, Kindertagesabläufe in zunehmendem Maße zerteilt und Kinderwelten immer stärker eingeengt werden.

Dem mag man entgegenhalten, dass Kinder heutzutage mehr Spielmaterial, größere Bildungschancen, eine bessere Förderung und vielschichtigere Kommunikationswege nutzen können. Bei näherer Betrachtung zeigt sich aber, dass Kinder trotz dieser Chancen eine ständige Abnahme an Erfahrung hinnehmen müssen! Aus entwicklungspädagogischer Sicht muss diese Tatsache sowohl Eltern als auch pädagogische Fachkräfte aufrütteln, weil Kinder vor allem über das eigene Handeln lernen. Nicht umsonst heißt es: „Aus Erfahrung wird man klug." Wenn Kinder zunehmend Erfahrungsverlusten ausgesetzt sind, können sie sich nicht gleichzeitig als Akteure ihrer eigenen Entwicklung begreifen.

Viele Möglichkeiten haben die Kinder dann nicht mehr: Entweder sie resignieren, ziehen sich zurück und klagen darüber, dass ihnen „sooo langweilig" sei, oder sie suchen sich Mittel und Wege, die Welt trotzdem zu entdecken, etwa durch Regel- und Grenzüberschreitungen oder den Versuch, auf sich aufmerksam zu machen, nach dem Motto „Seht her, hier bin ICH!"

Gesucht: Orte und Menschen, die vielfältige Erfahrungen und Entwicklung ermöglichen

Wenn Kinder in einer Weise aufwachsen, in der ihnen bedeutsame Erfahrungen vorenthalten und Zeitstrukturierungen sowie organisatorische Vorgaben übergestülpt werden, sind sie mehr denn je darauf angewiesen, noch Handlungsschritte unternehmen zu können, die ihrer Entwicklung dienen. Wie aber müssen Orte sein, die Kindern das bieten, was sie brauchen?

- Kinder brauchen einen Ort, an dem sie ihre eigene Identität auf- und ausbauen, sich von Spannungen freispielen und erfahren können. Sie sind auf der Suche nach sich selbst: „Das bin ich, das kann ich, das schaffe ich, und das traue ich mir zu." Indem sie aktiv werden und Eigeninitiative zeigen, entwickeln sie eine Beziehung zu ihrem Können und erwerben das notwendige Selbstbewusstsein. Warum klettern Kinder auf Bäume oder Dächer, lassen sich auf verschiedene kleine und große Abenteuer ein, hüpfen von Mauern und laufen um die Wette? Weil Kinder ihre Kraft erfahren und erproben möchten!

- Kinder brauchen Gelegenheiten, ausgiebig und immer wieder mit anderen Kindern zusammenzutreffen und den Umgang mit ihnen zu erfahren und zu erleben. Soziale Kompetenz lässt sich nur durch ein Einlassen auf andere Menschen, durch Erfahrungen mit anderen erlernen. Kinder suchen das Miteinander, sie brauchen die Erfahrung, gemeinsam etwas auszuhecken und solidarisch zusammenzuhalten. In spielerischen Gefahrensituationen erleben sie, wie stark und stützend Gemeinschaft sein kann.

- Sie brauchen die Erfahrung von der Verlässlichkeit menschlicher Beziehungen, besonders dann, wenn es darum geht, Erlebnisse einzuordnen oder unverständliches Verhalten (zum Beispiel der Eltern/ErzieherInnen) auszuhalten.

- Kinder brauchen Rückzugsmöglichkeiten, um dem allgegenwärtigen Blick von Erwachsenen zu entrinnen und sich allein (oder mit anderen) Beschäftigungen hinzugeben, die nur ihnen bekannt sind.

- Kinder brauchen Freiräume, um sich zu bewegen, zu laufen, zu toben, zu rollen, zu springen und zu hüpfen, kurz: um ganzheitliche Körper- und Sinneserfahrungen machen zu können.

- Kinder brauchen genügend Zeit, in der sie mit Ausdauer und nach eigenem Zeitempfinden Dinge in Ruhe zu Ende führen können. Sie benötigen und suchen Orte, an denen sie ihr eigenes Zeitmaß leben können, wo wenig gedrängelt wird und ihre geistigen Fähigkeiten Entfaltungsmöglichkeiten erhalten.

- Kinder brauchen einen Ort, an dem sie ein aktives Mitspracherecht haben. Dies beginnt bei der täglichen Kommunikation und endet bei fest eingeplanten Kinderkonferenzen. Sie haben zudem das Recht auf Versuch und Irrtum, ohne dafür bestraft oder ausgelacht zu werden.

- Kinder brauchen eine Umgebung, in der sie sich in ihrer Individualität entwickeln können, und sie brauchen Menschen, die ihnen einen Freiraum zugestehen, in dem sie durch Ausprobieren und auch Irrtümer die Vorgänge in ihrer Umgebung, ihrer Umwelt begreifen können.

- Kinder brauchen Erwachsene (und ein entsprechendes Umfeld), die der Prozesshaftigkeit eine höhere Beachtung schenken als dem Herstellen von „ästhetischen Produkten", und sie brauchen diese Erwachsenen als Bündnispartnerinnen ihrer ureigenen Interessen.

Wenn es Kindern nicht mehr möglich ist, grundsätzliche und entwicklungsrelevante Erfahrungen zu Hause oder im häuslichen Umfeld zu machen, so muss es einmal mehr die Aufgabe des Kindergartens beziehungsweise der Kita sein, hier ausgleichend einzugreifen. Wer sich dieser Herausforderung bewusst stellt, kommt nicht darum herum, seine bisherigen Aufgaben hinsichtlich Schwerpunkten, Arbeitsweisen und Methoden neu zu überdenken. ErzieherInnen gestalten die Arbeit in Kindergarten und Kita vor allem vor dem Hintergrund von drei Erfahrungshorizonten: ihrer eigenen Biografie (mit den erlebten Werten und Normen), ihrer Ausbildung (mit den teilweise immer noch herrschenden traditionellen pädagogischen Vorstellungen) und ihrer konkreten individuellen Erfahrung, die sie während ihrer Arbeit als

Erzieherin bisher gemacht haben. Gespräche mit den Kolleginnen bieten die Chance, gesellschaftliche und lokale Veränderungen wahrzunehmen und in der Einrichtung entsprechend zu reagieren.

Kindergarten und Kita als pädagogische Institutionen unterliegen immer auch der Gefahr, sich von bildungspolitischen Strömungen beeinflussen zu lassen und die tatsächlichen Gegebenheiten nicht ausreichend zu berücksichtigen. Gegen eine vorbehaltlose Übernahme dieser Strömungen sollten sich die Fachkräfte vor Ort solidarisieren. Denn theoretische oder politische Vorstellungen und Betrachtungen über die „Gestaltung der Zukunft von Kindern" haben nicht unbedingt etwas mit der Realität heutiger Kindheit (und ihren entwicklungsbezogenen Folgen für die Kinder) zu tun. Gerade weil soziale Erfahrungen in der „natürlichen" Lebenswelt der Kinder gegenwärtig nur noch eingeschränkt möglich, zum Teil sogar unmöglich geworden sind, müssen Kindergarten und Kita diesen Aspekt in ihrer Einrichtung gezielt berücksichtigen: So dramatisch der Verlust sozialer Beziehungen der Kinder untereinander in ihrem Lebensumfeld ist, desto bedeutsamer wird für viele Kinder ihre Zeit im Kindergarten/in der Kita.

Anregungen zur Reflexion im Team: Kindergarten – ein Garten für Kinder

Ein großer Garten mit altem Baumbestand und einer reichen Tier- und Pflanzenwelt entführt uns in ein wahres „Reich der Sinne". Es gibt allerlei Farben, Formen und Düfte zu entdecken. Blumen und Sträucher entwickeln ihre Pracht zu unterschiedlichen Jahreszeiten, sodass eine Blütezeit die andere ablöst. Hecken dienen Kleintieren zum Schutz und bieten Nistgelegenheiten für verschiedene Vogelarten. Große Bäume spenden Schatten, sodass der Boden in regenarmen Zeiten nicht gänzlich austrocknet. Ein solcher Garten zeichnet sich durch seine Vielfalt und Widerstandsfähigkeit aus, im Gegensatz zu Monokulturen mit ihrer besonderen Anfälligkeit für Krankheiten und gegenüber ungünstigen Witterungsbedingungen.

Die ErzieherInnen im Kindergarten beziehungsweise in der Kita können ihre Aufgaben entsprechend eines Gärtners/einer Gärtnerin nun auf dreierlei Arten verstehen: Es gäbe die Möglichkeit, alles einfach wachsen zu lassen und darauf zu vertrauen, dass sich der Garten „irgendwie" von selbst entwickeln wird (Laisser-faire-Stil). Eine zweite Möglichkeit bestünde darin, das Gelände in einen gepflegten Vorstadtgarten verwandeln zu wollen, in dem die Beete „unkrautfrei" gehalten werden und der Gärtner/die Gärtnerin nach eigenem Geschmack und Gutdünken entscheidet, was, wo, wie, neben wem und in welcher Höhe wächst (autoritärer Stil). Drittens könnten aber auch Gartenfachleute, die über ein profundes Wissen verfügen, dafür Sorge tragen, dass sich alle Pflanzenarten optimal entwickeln, wobei ihnen selbstverständlich auch ihre Ausbreitung und Ausweitung zugestanden wird. Solche GärtnerInnen sorgen vor allem für eine gute Bodenbeschaffenheit nach dem Motto: „Nicht die Pflanze ist krank, wenn sie nicht gedeiht, sondern der Boden ist für ihr Wachstum ungeeignet." Diese Sichtweise entspricht einem demokratischen Stil, weil die elementaren Bedürfnisse der einzelnen Pflanzen berücksichtigt und wertgeschätzt werden. Dieses Bild von einem Garten soll dazu anregen, allein oder im Team darüber zu reflektieren, ob die eigene Einrichtung einem solchen Garten für Kinder entspricht, in dem sie sich individuell entwickeln und entfalten können.

Kinder sind anders

Ein Blick auf das Leben vieler Kinder lässt vermuten, dass sie sich in der Welt der Erwachsenen häufig unverstanden, ja sogar fehl am Platz fühlen. Ihre Versuche, das Geschehen um sich herum zu begreifen, sind geprägt durch Neugierde, Versuch und Irrtum, Probieren und Geschehenlassen. Kinder haben ein eigenes Verständnis von ihrer Welt und sind darauf angewiesen, bei ihrem vielfältigen Tun unterstützt zu werden. Und wenn wir Erwachsene nur einmal genauer hinschauen würden, dann sind wir es, die vieles von unseren Kindern lernen könnten.

Marius, fünfeinhalb Jahre alt, besucht mit ganz viel Freude seinen Kindergarten. Hier ist in der Regel was los, hier wird gewerkt und gespielt, und vor allem gibt es ein Freigelände, auf dem allerhand passiert. Die neueste Errungenschaft ist das Bauen mit Bierkästen, die der Kindergarten geschenkt bekommen hat. Marius ist zu Hause kaum noch zu halten, weil er zusammen mit seinen Freunden heute eine große Burg mit den Kästen bauen will. Kaum betritt er den Kindergarten, rennt er mit ihnen nach draußen und fängt an, an vier Eckpunkten große Türme zu stapeln. Die Kästen werden dabei gleichzeitig als Ecken genutzt, sodass die Wach-Eck-Türme ordentlich wachsen. Zur Verstärkung bauen die Jungen Vierer-Blocks, um, wie sie sagen, „dem Wind zu widerstehen". Schließlich werden die Seiten aufgebaut und nach fast einer Stunde ist die Burg fertig.

Marius und seine Freunde Jan und Philipp sind mächtig stolz. Sie marschieren auf ihrer Burg herum, genießen die Aussicht, holen sich zwischendurch Bretter aus dem Gartenhaus und legen diese als Verstärkungen auf die Kästen, verbinden mit Stricken ein paar wackelige Schwachstellen und fühlen sich wie Robin Hood, der mit seinen Kumpanen gegen den Sheriff von Nottingham kämpft. Inzwischen sind auch andere Kinder dazugestoßen, und das Ganze entwickelt sich zu einem lebendigen Spiel von Mädchen und Jungen. Irgendwann aber betreten ein paar Eltern das Freigelände und sind entsetzt über die Burg der Kinder. Was kann nicht alles passieren, wenn die Kästen umfallen, was geschieht, wenn Kinder von der Burg stürzen, wenn andere Kinder die Kästen umzustoßen versuchen oder wenn ein Windstoß das Ganze zum Kippen bringt!

Der Schrecken steht den Eltern ins Gesicht geschrieben, ErzieherInnen werden an ihre Aufsichtspflicht erinnert und aufgefordert, dem „gefährlichen Spiel möglichst sofort ein Ende zu setzen". Während die Kinder entsetzt rufen: „Aber wir spielen doch nur!", versuchen die ErzieherInnen, die Ängste der Eltern zu entkräften und zu verdeutlichen, dass die Kinder mit sehr viel Eifer und Ausdauer ihr Spiel gefunden haben.

Förderung im Spiel

Wenn wir einmal versuchen, Marius' Verhalten und das seiner Freunde näher zu betrachten, dann können wir doch Folgendes festhalten: Die Kinder sind fröhlich und haben ganz viel Freude bei dem Bau ihrer Burg. Sie sind mächtig in Bewegung. Sie machen sich Gedanken, dass das Ganze nicht zusammenfällt und stellen Überlegungen an, wie ihre Burg möglichst lange halten könnte. Sie konzentrieren sich auf dieses eine Spiel und sind mit ihrer vollen Aufmerksamkeit bei einer Sache. Sie sprechen sich untereinander ab, prüfen sorgsam die verschiedenen Vorschläge und versuchen, bei unterschiedlichen Meinungen einen Konsens zu finden. Sie bringen eigene Ideen mit ins Spiel ein und nutzen beim Erzählen ihre Fantasie, indem sie Burgengeschichten erfinden und sich in Gedanken in eine Zeit der Ritter und Räuber versetzen. Sie halten bei ihren Rundgängen auf ihrer Burg das Gleichgewicht und sind beim Rauf- und Runterklettern sehr kontrolliert. Sie zeigen keine aggressiven Verhaltensweisen, sondern lassen es im Gegenteil zu, dass andere Kinder mit ins Spiel integriert werden. Und sie erklären den ängstlichen Erwachsenen deutlich, dass sie „doch nur spielen". In den Begriffen der Entwicklungspsychologie würden wir sagen, dass Marius und seine Freunde im Spiel eine bedeutende Förderung in allen vier Entwicklungsbereichen erfahren: Sie sind mit Feuer und Flamme bei ihrem Spiel und fühlen sich wohl (die Erweiterung der Gefühlskompetenz). Sie sind während der gesamten Zeit in hohem Maße aktiv und führen gezielte grob- und feinmotorische Tätigkeiten aus (die Erweiterung der motorischen Kompetenz). Sie gehen freundschaftlich miteinander um (die Erweiterung der sozialen Kompetenz). Sie stellen mannigfache Überlegungen zur Konstruktion und Haltbarkeit ihrer Burg an (die Erweiterung der kognitiven Kompetenz). Dabei sind ihre Tätigkeiten, Anstrengungen und Überlegungen selbstbestimmt, sodass Eigeninitiative und Motivation dazu führen, sich in eigenen Möglichkeiten und Grenzen zu erfahren.

Die Welt der Erwachsenen

Schauen wir uns nun dagegen die Gedanken und Äußerungen der Eltern an, so ist zunächst nichts davon zu spüren, dass dieses Spiel der Kinder in all den vielfältigen „Förderbereichen" gesehen und gewürdigt wird. Stattdessen kommt es zu Vorwürfen und ängstlichen Ausrufen. Ein etwas genauerer Blick zeigt uns aber noch mehr: Wir Erwachsenen stellen uns immer schon vor, was geschehen könnte, wenn dieses oder jenes passieren würde. Statt mit Kindern zu erleben, was ist, sehen wir Erwachsenen vermehrt das, was die Zukunft an Gefahren mit sich bringen könnte. Und hier liegt ein entscheidender Unterschied zwischen der Kinder- und Erwachsenenwelt:

Kinder leben in der Gegenwart. Sie genießen den Augenblick und erfahren sich in dem, was zurzeit ist. Erwachsene dagegen haben im Laufe ihres Älterwerdens durch unterschiedliche Einflüsse und Erfahrungen diese gegenwärtige Erlebnissicht oftmals verlernt. Dennoch machen sie ihre Einschätzung von Geschehnissen oft zur Wahrheit von Kindern. Wohlgemerkt ohne böse Absicht oder bewusste Einschränkungsbemühungen. Vielmehr scheinen Erfahrungen dazuzuführen, vorausdenkender zu handeln, mit dem Risiko allerdings, dass Einschränkungen des Tuns dabei die unmittelbare Folge sind. Kinder dagegen begreifen ihre Welt aus ihrem Tun, ihrem Erleben und ihren gefühlsbetonten Aktivitäten. Doch diese sind wichtig. Denn sie führen sie dazu, sich selbst in ihren unterschiedlichen Verhaltensbereichen begreifen zu lernen.

Wenn Kinder aber aus ihrer Welt herausgerissen werden, dann sind sie gezwungen, neue Erlebnisse zu suchen. Hier sei nur kurz daran erinnert, dass sicher damit auch die Frage beantwortet werden kann, warum bei Jugendlichen gefährliche Sport- oder Spielaktivitäten immer mehr im Kommen sind – vom S-Bahn-Surfen über das Freeclimbing und Bungee-Jumping bis zum River-Rafting. Es ist doch verständlich, dass junge Erwachsene all das in Extremen nachholen, was ihnen in ihrer Kindheit verwehrt wurde.

Wenn wir Erwachsenen einmal an unsere eigene Kindheit zurückdenken, dann mag uns auffallen, dass wir im Vergleich zu heute vielfältigere Möglichkeiten besaßen, in freien Zeiten und unbeobachteten Augenblicken auch mehr oder weniger gefährliche Situationen zu bestehen. Als Kinder waren auch wir sicher aktiv und neugierig, lebendig und wild, begeisterungsfähig und unvoreingenommen, mutig und risikobereit, offen und klar, selbstbewusst und unverdorben. Mit dem Erwachsenwerden hat sich jedoch bei uns einiges gewandelt. Wir haben oft nicht mehr dieses große Maß an Aktivität. Und was ist aus den spontanen kindlichen Verhaltensweisen geworden?

Neugierde kann aus Sicht der Erwachsenen zu einer persönlichen oder beruflichen Gefahr werden, Lebendigkeit und Wildheit gibt es häufig nur dort, wo angestaute Aggressionen ihren Ausdruck finden (Raserei auf den Autostraßen, ausländerfeindliche Aktionen gegen Schwächere). Begeisterungsfähigkeit zeigt sich mehr in verhaltenskanalisierten Formen, wie etwa bei besonderen Sportereignissen, und Unvoreingenommenheit wird mehr und mehr durch ein Bündel von Vorurteilen abgelöst. Mut in Form von Zivilcourage entwickelt sich ebenso zu einem Fremdwort wie die Risikofreude dem starken Wunsch nach Sicherheit geopfert wird. Offenheit bringt das Risiko mit sich, dass Freundschaften und Arbeitsverhältnisse belastet werden, und die Klarheit der Sprache entwickelt sich – gerade in pädagogischen Kreisen – in Richtung „Unklarheit". Das Selbstbewusstsein erfährt durch vielfältige kleine und große Demütigungen in der täglichen Lebenswelt einen Riss, und Naivität erhält gar einen negativen Stempel im Bewusstsein vieler Menschen. Es mag hier wie eine Schwarz-Weiß-Malerei aussehen. Doch wer sich einmal ganz unvoreingenommen im politischen, gesellschaftlichen und kulturellen Leben unserer Zeit umsieht, der findet zahllose Belege.

Kinder möchten verstanden werden!

Eine der ganz großen Frauen der Pädagogik des vergangenen Jahrhunderts, Maria Montessori, hat sicher zu Recht schon vor über 70 Jahren einmal Folgendes geschrieben: „Die Aufgabe der Umgebung ist es nicht, das Kind zu formen, sondern ihm zu erlauben, sich zu offenbaren." Kinder sind auf dieser Welt mit dem Recht, sich nach ihren inneren Entwicklungsgesetzen zu entfalten. Sie zeigen uns in ihrem oftmals ungestümen und unüberlegten Handeln, in ihrer großen Gefühlsbeteiligung und ihrem Aktionismus den ständigen Versuch, sich zu behaupten. Würden die Erwachsenen doch einmal mehr den Kindern das Recht zubilligen, sich auch als Kinder zu verhalten: impulsiv und nicht ständig kontrolliert, neugierig und nicht zurückhaltend, offen und nicht immer diplomatisch, ausgelassen und nicht ängstlich, bedacht auf die Reaktionen anderer. Der Pädagoge Hans-Herbert Dreiske schrieb dazu: „Zu früh, zu ausschließlich lehrt man Kinder, was und wie sie hören, sehen, fühlen und denken dürfen. Was würden sie später doch alles können, hätten sie nicht so früh so viel gelernt."

Es ist schon erschreckend, wie rasch die Auffälligkeiten bei Kindern zunehmen – seien es psychosomatische Schwierigkeiten (Stresssymptome) oder Entwicklungsstörungen (Sprech- und Sprachauffälligkeiten, Wahrnehmungsdefizite, soziale Inkompetenzen, Ängste). Auf der anderen Seite werden immer mehr therapeutische Angebote entwickelt und auf Kinder übertragen. Um wie viel einfacher wäre es doch, Kindern durch unser Verstehen Sicherheit und Geborgenheit, Zuverlässigkeit und Achtung vor ihrer schwersten Aufgabe, nämlich ihrer Entwicklung, zu schenken. Statt Zerrissenheit der Seele würde sich bei Kindern ein tiefes Urvertrauen entwickeln, durch das sie spüren würden, dass sie willkommene Gäste dieser Welt sind. Erwachsene könnten dann ihre Rolle als Gastgeber dadurch zum Ausdruck bringen, indem sie es zulassen, dass Kinder auch Kinder sein können und keine kleinen unfertigen Erwachsenen, die mit einer ängstlichen Blickrichtung auf die Zukunft immer mehr aus ihrer Gegenwart herausgerissen werden.

Dort, wo Kinder deutlich merken, dass wir Erwachsenen mit Kindern lachen und weinen, mit ihnen spielen und herumtoben, ihnen aber auch dort deutliche Grenzen zeigen, wo sie die Freiheit anderer massiv beeinträchtigen, werden sie spüren, dass wir ihnen Interesse entgegenbringen. Wo wir dem Aufbau und der Pflege einer guten Beziehung einen deutlichen Vorrang geben vor den Versuchen, „aus Kindern Menschen zu machen", wo wir durch unser Vorbildverhalten Kindern die Glaubwürdigkeit unserer Worte vorleben, dort lassen sich Kinder auch auf eine positive Entwicklung ein. Und dann sind sie unsere Vorbilder und zeigen uns Erwachsenen, wie das geht – sich unbeschwert weiterzuentwickeln.

Kinderängste – Ausdrucksformen verletzter Kinderseelen

Kinder erleben und ertragen Ängste

Jedem Erwachsenen, Eltern und ErzieherInnen fallen sicher auf Anhieb etliche Beispiele ein, wenn es darum geht, Kinderängste zu nennen. Seien es Ängste aus der eigenen Kindheit oder Ängste eigener beziehungsweise anvertrauter Kinder. Sie sind ein Teil des Lebens und haben in bestimmten Grenzen etwas mit der Wahrnehmung des Lebens zu tun. Gleichzeitig können Ängste aber auch die gesamte Lebensgestaltung bestimmen und schränken damit die Lebensqualität ein.

Ängste werden als eine Bedrohung erlebt!

Kinder (und auch Erwachsene) kennen viele Ängste: die Angst vor dem Alleingelassenwerden, einer Krankheit oder einer bedrohlich erlebten Dunkelheit; die Angst vor dem Krokodil unter dem Bett oder dem Verlust einer Freundin/eines Freundes; die Angst davor, ausgelacht zu werden oder Unverständnis für etwas zu ernten; die Angst vor irgendeiner Strafe oder vor einer drohenden Ungerechtigkeit, vor schlimmen Umweltkatastrophen oder unangenehmen Konsequenzen für Leib und Seele; die Angst vor Gewitter, Blitz und Donner oder die Angst vor bestimmten Menschen; die Angst vor unbekannten Situationen oder die Angst, an bestimmten Aufgaben zu scheitern; die Angst, aus einer Gruppe ausgeschlossen zu werden und zum „Sündenbock" erklärt zu werden oder die Angst davor, Erwartungen nicht zu erfüllen.

Kinder erleben Ängste ganz ursprünglich

Wenn sich Erwachsene über Ängste unterhalten, dann schauen sie auf viele Jahre Lebenserfahrung zurück und haben mit der Zeit (mehr oder weniger) gelernt, mit ihren Ängsten umzugehen. Bei Kindern ist das anders. Sie erleben ihre Ängste ganz nah, aktuell, tiefgehend und ursprünglich. So hält sich Jan vielleicht an der Mutter fest und lässt sie nicht los, wenn es darum geht, dass er „endlich allein im Kindergarten bleiben soll". Jennifer läuft vielleicht zur Erzieherin und bittet um Hilfe, weil andere Kinder sie verfolgen. Benno verkriecht sich vielleicht in der hintersten Ecke des Kindergartenraums, weil er Angst vor bestimmten Kindern hat, und Jonathan hält sich krampfhaft die Ohren zu, weil ihn die lauten Geräusche im Raum massiv ängstigen.

Lioba schreit ihre Welt zusammen, weil sie plötzlich nicht mehr allein von dem Baum herunterkommt, und Christian senkt immer dann seine Augen auf den Boden und dreht sein Gesicht weg, wenn andere etwas von ihm wollen. Dennis versteckt sein Spielzeug und bewacht es mit einem Schwert, aus Angst davor, andere könnten ihm etwas wegnehmen, und Esther weigert sich zu malen, weil sie Angst davor hat, nicht so gut wie andere Kinder ihre Ideen aufs Papier zu bringen. Frederick hält sich bei einer Kindertheateraufführung die Augen zu, weil er Angst hat, das Geschehen auf der Bühne weiter zu sehen, und Gerrit wirft sich auf den Boden, trampelt wild um sich und schreit unüberhörbar, weil er Angst hat, seinen Willen nicht durchsetzen zu können.

Kinderängste zeigen sich mit vielen Masken

Viele Kinder fühlen sich von ihren Ängsten regelrecht überfallen, sodass sie nicht die Angst in der Hand haben, sondern die Angst hat die Kinder in der Hand! Sie wird als eine gewaltige Macht erlebt, die so viel Dominanz besitzt, dass ein Kind glaubt, sich gegen sie nicht wehren zu können, weil sich Kinder selbst als schwach erleben. Kinderängste bergen das Gefühl in sich, dass sie stärker sind als alles andere auf der Welt und so reagieren Kinder auch körperlich auf erlebte Angstsituationen mit Schweißausbrüchen, einem schnelleren Herzschlag und einer deutlichen Veränderung der Pupillen. Das Gefühl Angst wird zu einer unüberwindbaren Macht, wobei sich Kinder in dieser Angstsituation völlig machtlos einschätzen.

Allerdings sind viele Kinderängste auch in Verhaltensweisen und körperlichen Reaktionen versteckt, die auf den ersten Blick gar nicht mit Ängsten in Verbindung zu stehen scheinen! Vor allem sei hier auf gewalttätige oder aggressive Ausdrucksformen verwiesen: die Angst, zu kurz zu kommen, lässt manche Kinder zum Knüppel greifen und zuhauen; die Angst, nicht beachtet zu werden, bringt manche Kinder dazu, laut herumzukommandieren und andere Kinder zu treten; die Angst davor, nicht zu seinen Wunschvorstellungen zu kommen, findet ihren Ausdruck darin, rücksichtslos das zu wollen, was man glaubt, jetzt unbedingt haben zu müssen. Die Angst davor, sich mit sich selbst auseinandersetzen zu müssen, lässt manche Kinder in eine ständige Unruhe fallen und immer aktiv sein.

Kinderängste zeigen sich also auf unterschiedliche Art und Weise. Zum einen im Weinen oder als Rückzugsverhalten, zum anderen in Wut, Aggressivität oder Gewalt. Darüber hinaus können sich Kinderängste auch in psychosomatischen Reaktionen äußern, etwa bei bestimmten Formen des Stotterns, des Einnässens, einer hohen Reizbarkeit, einer tiefen Antriebsschwäche oder einer ständigen Unruhe, in Schlaflosigkeit oder nächtlichen Aufschreien und bösen Träumen, durch Magendruck und Völlegefühl, Darmbeschwerden, Atemschwierigkeiten oder in einer unkoordinierten Motorik oder in starken muskulären Verspannungen. Ja, selbst besondere Formen von Hautausschlägen können Ausdrucksformen von Ängsten sein.

Überforderungen sind die häufigsten Gründe für Kinderängste

Die Zeit der Kindheit dient der Entwicklung der Kinder in erster Linie dazu, sich mit sich selbst auseinanderzusetzen, eigenes Können auszuprobieren, die Tage als gegenwärtige Zeitgeschenke zu erleben und mit viel Ruhe zu genießen. Demgegenüber gibt es täglich unzählige Bedingungen, die genau diese Möglichkeiten und Notwendigkeiten einschränken: sei es die Hektik vieler Erwachsener, die Ungeduld im täglichen Miteinander oder die ungebremst starke Fülle an Erwartungen, wie ein Kind zu sein hat, was es in seinem Alter schon alles können müsste/sollte, was es selbst im Kindergarten zu leisten hat oder wie es sich verhalten muss! Sei es das überaus starke Angebot an Spielmaterialien oder die kaum zu steigernde Reizüberflutung durch Medien auf allen Ebenen und Kanälen. Sei es die Konsumorientierung, mit der Kinder täglich konfrontiert werden, oder sei es die Unzufriedenheit der Erwachsenen, die auf Kinder (in)direkt übertragen wird, sei es die Reizüberstülpung in Kinderräumen (auch Kindergartengruppen) oder die unüberschaubare Menge der Kinder in vielen Kindergruppen. Sei es die frühe Ausrichtung auf „kognitive Förderung", obgleich Kinder über ihre motorischen Handlungsfähigkeiten „lernen" und bis zum siebenten Lebensjahr in ihrer „magischen Welt" leben, oder die Verplanung der Zeit durch Kinderkurse oder Training, die Kindern die Zeit nimmt, sich mit sich selbst auseinanderzusetzen.

Es gibt so viele Lebensbedingungen, in denen Kinder heute aufwachsen, die von ihnen (unbewusst) als Überforderung erlebt werden müssen. Auf diese Weise können einzelne Wahrnehmungen
nicht mehr von Kindern betrachtet, verstanden und geordnet werden, sodass sie in einer kognitiven (und damit gleichzeitig emotionalen!) Unruhe aufwachsen. Die Folge davon sind Ängste, weil es
keine „Auszeit" zur Strukturierung der Wahrnehmungsreize gibt.

Unterforderungen als Verstärker mancher Kinderängste

Kinder erleben alles, was um sie herum geschieht, als eine
Herausforderung mitzuwirken, sich mit ins Spiel zu bringen, an
Aktionen teilzuhaben und den Situationen einen eigenen Stempel
aufzudrücken. Alles nach dem Motto: „Da habe ich mitgewirkt!"/
„Ich war dabei!"/„Ich habe nicht nur zugeschaut, sondern ganz
aktiv mitgemacht!" Viele Beobachtungen in der Praxis – bezogen
auf Eltern und manche ErzieherInnen – zeigen auch das Bild, dass
Kinder unterfordert werden, indem ihnen bestimmte Verhaltensweisen nicht zugetraut werden! Etwa, wenn es um ein wildes,
ausgelassenes Herumrennen geht („Nicht so schnell! Was kann
da alles passieren!"), wenn es sich um Kletter- und Springak-
tivitäten handelt („Das ist zu hoch! Ihr werdet euch verletzen!")
oder wenn sich die Handlungsmotive auf bestimmtes Hantieren
mit irgendwelchen Werkzeugen beziehen („Eine Werkbank ist
zu gefährlich!"). Oftmals werden Kinder von vielen Tätigkeiten
ausgeschlossen, die sich Erwachsene selbst vorbehalten oder den
Kindern noch nicht zumuten – etwa bei der Mithilfe beim Rasen-
mähen, bei der Mitarbeit zur Vorbereitung des Essens, bei dem
Aufbau von Kinderhütten, Tierställen usw. oder bei der Reparatur
von Haushaltsdingen. Kinder würden liebend gern dabei sein, mit-
helfen, mit anfassen und sich aktiv mit einbringen.

Machen Kinder des Öfteren die Erfahrung, dass ihnen bestimmte Dinge eher nicht zugetraut werden, können sie sich als klein,

unvollkommen und überflüssig erleben und mit der Zeit auch Ängste vor bestimmten Gegenständen (Messer, Nägel, Hammer, elektrische Geräte, Sägen, hohe Bäume und Klettergerüste ...) entwickeln. Nach der Devise: „Was mir nicht zugetraut wurde, traue ich mir mit der Zeit auch immer weniger zu." Viele Kinder sagen recht schnell: „Das kann ich nicht!"/„Dazu bin ich noch zu klein!"/ „Mach du das mal lieber!"/„Ich weiß nicht, wie das geht."

Die Macht der Kinderängste

Kinderängste werden immer dann für die Entwicklung von Kindern problematisch, wenn sie zu einem beherrschenden Merkmal des Kinderlebens werden, weil sich Kinder entweder kaum/ gar nichts mehr zutrauen oder glauben, alles tun zu müssen und schaffen zu können! Beide Ausdrucksformen sind ein Beispiel für unterschiedliche Kinderängste! Normalerweise gehört die Angst als ein Grundgefühl (neben den emotionalen Werten wie Freude, Trauer und Wut) zu unserem Leben dazu. Sie ist allerdings nur dort „gesund", wo sie uns Menschen vor realen Gefahren oder vor unüberlegten Handlungen warnt. Etwa beim Überqueren einer viel befahrenen Straße, beim Herunterlehnen über ein Fensterbrett in luftiger Höhe, beim Herunterspringen auf einen harten Steinboden, beim Verirren in einem großen Wald oder beim Verlaufen in einer fremden Umgebung mit gleichzeitiger Unkenntnis der Landessprache (Ausland), beim Rudern, wenn sich das Wetter dramatisch verschlechtert und womöglich die Schwimmweste fehlt oder etwa beim Klettern im Gebirge.

Ängste sind im Gegenzug dort hinderlich, wo sich kleine und große Menschen Dinge nicht zutrauen, auch wenn sie notwendig/ zu leisten sind, wie etwa beim Verlaufen fremde Menschen nach dem Weg zu fragen, sich in fremden Situationen zu helfen wissen, Handlungsschritte auszuprobieren und Risiken einzugehen. Haben Kinderängste eine solche Macht über Kinder, dass sie von ihren Ängsten beherrscht werden, dann warnen Ängste nicht mehr vor einer realen Gefahr, sondern viele Situationen werden subjektiv als angstauslösend erlebt. Das wiederum führt im Leben der Kinder (und auch der Erwachsenen) zu einer Einschränkung der Leistungsfähigkeit, Liebes- und Kommunikationsfähigkeitl Sie isoliert die „angstbesetzten" Kinder, indem sie ihre Ansprüche entweder zunehmend zurückstellen oder diese mit massiver Macht in den Mittelpunkt ihres Lebens – und den anderer Menschen – stellen. Werden Kinderängste dann nicht frühzeitig erkannt und den Kindern genommen, können sie sich zu einem festen, starren Lebensplan entwickeln, der an lebenslanger Bedeutung gewinnt.

Kinderängste sind ein Ausdruck von Unsicherheiten und Irritationen

Kinderängste werden sich in Kinderseelen nur dort breit machen (können), wo Kinder durch bestimmte, für sie bedeutsame Situationen verunsichert beziehungsweise irritiert wurden/werden. Ein sicheres Kind, das ein stabiles Selbstwertgefühl besitzt, das bestimmte Sicherheiten in sich trägt (ich bin gut; ich kann was; ich schaffe Anforderungen, die ich mir selbst stelle) und damit ein bestimmtes Maß an Belastbarkeit besitzt (ich bin nicht am Boden zerstört, wenn mal was nicht klappt, was ich mir vorgenommen habe; die Welt hört nicht auf sich zu drehen, wenn ich mal meinen Willen nicht durchsetzen kann; auch andere haben Bedürfnisse und nicht nur ich), wird auch bei kleineren einmaligen Verunsicherungen keine Ängste entwickeln.

Diese prägen sich vielmehr dann aus, wenn entsprechende Verunsicherungen oder Irritationen entweder häufiger auftreten oder in ihrer Ausprägung so massiv sind, dass sie auch schon bei einem einmaligen Erlebnis von tragender Bedeutung sind (fachsprachlich wird von einem quantitativen beziehungsweise qualitativen Eindruckswert gesprochen). Also muss es in der Pädagogik immer darum gehen, Kindern in ihrer Entwicklung dabei zu helfen, ein ausreichendes Maß an Selbstwertgefühl entwickeln zu können.

Kinderängste können jederzeit abgebaut werden

Die Ängste der Kinder entstehen nicht dadurch, dass sie wie Regen vom Himmel fallen, sondern dadurch, dass Kinder Über- oder Unterforderungen in bestimmten, bedeutsamen Lebensbereichen erfahren, erdulden, erleiden müssen! So gibt es vielfältige Wege, Kinderängste abzubauen: Eltern und ErzieherInnen müssen gemeinsam auf die Suche gehen, Gründe/Auslöser für das angstbedingte Verhalten bei den Kindern zu finden. Das ist die Grundlage für die Möglichkeit, Ängste Stück für Stück abzubauen.

Eltern und ErzieherInnen müssen in einer sorgsamen Analyse der Umfeldbedingungen – sowohl im Elternhaus, in der Freizeit und im Freundeskreis als auch im Kindergartenbereich – selbstkritisch und offen dafür sorgen, dass keine angstauslösenden Über- oder Unterforderungen an die Kinder gestellt werden.

Eltern und ErzieherInnen haben die Aufgabe, Kindern ein Gefühl von Sicherheit zu vermitteln. Das geschieht durch ein Zugestehen der humanen Kinderrechte ebenso wie durch die Bereitstellung eines großen Erfahrungsraums, in dem Kinder Kinder sein können, wo Kinder die Möglichkeit des Experimentierens haben und wo sie sich in ihrer Einmaligkeit angenommen fühlen.

Eltern und ErzieherInnen können Kindern dadurch helfen, Ängste abzubauen beziehungsweise gar nicht erst aufkommen zu lassen, wenn sie mit den Kindern gemeinsam feste Regeln besprechen, die eine hohe Sinnbedeutung haben. Kinderängste können sowohl durch starke Regeln und starre Strukturen aufgebaut und unterstützt werden als auch durch Unübersichtlichkeiten, fehlende Strukturen und erlebte Widersprüchlichkeiten.

Kinderängste werden dort abgebaut, wo gemeinsam mit anderen Kindern viele Angstsituationen hergestellt und „bestanden" werden, etwa beim Bau von großen, dunklen Höhlen, bei dem Bau von dunklen Gängen, dem (gesicherten) Besteigen von Höhen, dem Bestehen von Gefahren, Abend- und Nachtwanderungen, beim

Kämpfen gegen selbst hergestellte Drachen und andere Urzeit-
tiere, bei dem Besteigen von Bäumen, beim Kampf gegen lebens-
große Stoffgespenster, bei einem Duell von Piratinnen und Piraten,
beim Übernachten im Zelt, beim Lagerfeuer und im Erzählen von
Gespenstergeschichten und bei anschließenden Möglichkeiten, mit
Zeit und in Ruhe die Erlebnisse nachzubereiten!

Kinderängste werden schließlich dadurch in Sicherheiten verwan-
delt, wo Kinder Erwachsene erleben, die sich durch Zuverlässigkeit
Optimismus und Vertrauen auszeichnen, die auch über ihre Ängste
sprechen/berichten können und nicht im Sinne der Kinder immer
die „Superhelden" und BesserwisserInnen sind. Dann gehört auch
der viel gehörte Satz „Davor brauchst du keine Angst zu haben"
endlich in die Mottenkiste einer kinderfremden Sprache.

Kinder haben vertraglich verbriefte Rechte

Ein Plädoyer für eine real-kindorientierte Entwicklungsbegleitung

Kinder haben in Deutschland gesetzlich verankerte Rechte – und dennoch erschreckt die alltägliche Gewalt gegen Kinder. So wird laut entsprechender Untersuchungen alle zehn Minuten ein Kind von seinen Eltern krankenhausreif geschlagen, über 200 Kinder sterben jährlich an den Folgen elterlicher Prügel, rund 450.000 Kinder werden jährlich in den alten Bundesländern misshandelt und gleichfalls werden dabei über 300.000 Kinder jährlich sexuell missbraucht. Dabei scheinen alle Zahlen eher zu niedrig angesetzt zu sein, als dass sie der Realität entsprechen. Allein das verstärkte Augenmerk auf sexuell misshandelte Mädchen und die völlige Fixierung auf männliche Täter ließ die Gruppe der Jungen und die Möglichkeit der Existenz von Täterinnen zunächst unberücksichtigt.

Die Zahl der Selbstmordversuche von Kindern und Jugendlichen steigt ebenso an wie eine Zunahme der psychosomatischen Leiden vieler Kinder. Und das alles in einem Land, das von sich aus vorgibt, die Rechte von Kindern zu wahren und vehement zu verteidigen. Ergebnisse aktueller Kindheitsforschungen weisen auf die dramatische Zunahme stressbedingter Verhaltensauffälligkeiten hin. Sprach-, Sprech- und Wahrnehmungsstörungen steigen ständig an, und Ängste bzw. Aggressionen bei Kindern gehören fast schon zum alltäglichen Erscheinungsbild einer ganzen Generation. All dies sind keine Fantasien oder stimmungsbedingten Aussagen: Sie sind Realität in unserem hoch industrialisierten Land.

Kinder haben Rechte

Ein Blick auf die tägliche Verplanung vieler Kinder, die jeden Tag bestimmte Kurse oder Förderprogramme absolvieren (Musikunterricht, Ballett, Reiten, Sportunterricht, Sprachkurse, Therapien ...) und damit ganz den Erwartungen vieler Eltern und leistungsbezogener PädagogInnen entsprechen, zeigt, dass sie kaum noch Zeit haben, sich mit ihren Freunden und Freundinnen zu verabreden und miteinander zu spielen. Und dabei hat die Bundesrepublik in dem „Übereinkommen über die Rechte des Kindes" (UN-Convention on the Rights of the Children) den Artikel 32,1 unterschrieben, in dem es heißt, dass die „Vertragsstaaten das Recht des Kindes auf Ruhe und Freizeit anerkennen, auf Spiel und altersgemäße aktive Erholung sowie auf freie Teilnahme am kulturellen und künstlerischen Leben".

Ruhe scheint für immer mehr Kinder – und auch für eine größere Zahl von Erwachsenen – zu einem Fremdwort zu werden, weil Erwachsene dafür sorgen, dass sich Kinder immer mehr mit Aktivitäten beschäftigen, um einer möglichen Langeweile vorzubeugen oder zu entgehen. Freizeit – ein Recht auf freie Zeit – existiert zwar, doch werden dabei immer mehr die kindergarten- und schulfreien Zeiten dem wachsenden Medienzeitalter geopfert. Kinder haben ein Recht auf Ruhe und Freizeit – auch in den Kindergärten. Aber wie ist es dann zu verstehen, dass die von den Kindern im Kindergarten verbrachten Vor- oder Nachmittage häufig völlig verplanten Tagesabläufen ähnlich sind? Feste Zeitstrukturen und Zeitspannen begrenzen sinnzusammenhängende Aktivitäten, sodass Kinder immer und immer wieder aus ihrer Welt des tiefen Spielerlebens herausgerissen werden. Kinder haben ein Recht auf ihr Spiel.

Kinder haben desgleichen durch Artikel 37b ein Recht darauf, dass ihnen „die Freiheit nicht rechtswidrig oder willkürlich entzogen wird". Obgleich dies alle Vertragsstaaten – so auch die Bundesrepublik Deutschland – durch ihre Unterschriften zusichern, bleibt die Frage, wie etwa in Kindergärten mit einer Gruppengröße von über 18 Kindern die Freiheit jeder Person gewahrt ist. Was bedeutet das für sie, wenn ein Kind mit bis zu 24, ja 27 anderen Kindern einen Raum teilen muss, in dem es in seinen Aktivitäten ständig gestört wird?

Freiheit verkümmert hier zu einer Farce trotz Zusicherung des Bundes. Die völlig überfüllten Kindergruppen entziehen Kindern ihre Freiheit, und wenn Kinder dann entsprechend mit Auffälligkeiten im Verhaltensbereich reagieren (müssen), dann lasten Erwachsene ihnen die Folge aus unzulänglichen Rahmenbedingungen auch noch an. Kinder wollen toben, sich bewegen, herumlaufen und sich in Ruhe zurückziehen – doch die Welt sozialpädagogischer Einrichtungen und vieler Wohnungen lässt dies einfach immer weniger, teilweise gar nicht zu. Spielplätze können nur zu bestimmten Zeiten besucht werden, und öffentliche Rasenplätze/Parks sind nicht selten übersät mit Verbotsschildern. Ja, geradezu törichte Verordnungen in der Aufsichtspflicht geben Anlass genug, Gemeindeunfallverbände und andere Versicherungsträger zu fragen, inwieweit sie Verordnungen erlassen, die Kindergärten zu sterilen, kinderfeindlichen Aufbewahrungsstätten werden lassen.

Die Vertragsstaaten stellen sicher, dass „kein Kind (...) einer (...) grausamen, unmenschlichen oder erniedrigenden Behandlung oder Strafe unterworfen wird" (Artikel 37a). Für viele Kinder ist es grausam, wenn sie vor anderen Kindern lächerlich gemacht werden, wenn ihre Werkprodukte oder Zeichnungen nicht den Vorstellungen der Erwachsenen entsprechen und diese dann den anderen mit entsprechenden Fragen oder Kommentaren vorgestellt werden. Kinder empfinden es als erniedrigend, wenn ErzieherInnen/LehrerInnen sich in Anwesenheit des Kindes mit den Eltern über deren Missgeschicke oder „Unarten" unterhalten; natürlich mit einer guten pädagogischen Absicht. Für Kinder ist es grausam, wenn sie mit anderen verglichen werden und dadurch erfahren müssen, dass sie selbst „unvollkommen", „dumm" oder „zurückgeblieben" sind. Ebenso erniedrigend ist es für Kinder, wenn sie in Kindergärten Toiletten benutzen müssen, die einsichtig sind oder gar keine Türen besitzen. Hier werden den Kindern Rechte auf ihre Intimität abgesprochen, was wir als Erwachsene für uns nicht dulden würden. Kinder empfinden es als grausam, wenn ihre mit viel Sorgfalt gemalten Bilder unbeachtet beiseitegelegt werden oder einfach in den Papierkorb wandern.

„Die Vertragsstaaten erkennen das Recht jedes Kindes auf einen seiner körperlichen, geistigen, seelischen, sittlichen und sozialen Entwicklung angemessenen Lebensstandard an" – so heißt es in Artikel 27,1. Lebensstandards ergeben sich aus den Umfeldbedingungen, die es zulassen, sich auch tatsächlich angemessen zu entwickeln. Doch wo sind sie möglich, wenn einer Zunahme der Armut in der Bundesrepublik eine auf der anderen Seite zunehmende Konsumüberschüttung die Realität darstellt? Wie schwer wird es, den auf eine positive Entwicklung angemessenen Lebensstandard zu entwerfen, wenn verfrühte Überforderungen seelische Störungen provozieren, eingeschränkte Kommunikationsmuster geistige Qualitäten von Kindern verkümmern lassen, überforderte oder genervte Erwachsene geradezu Kontraindikationen in ihrem Modellverhalten für eine sittliche Entwicklung von Kindern liefern, egozentrische und machtorientierte Verhaltensweisen Erwachsener eine soziale Entwicklung von Kindern vernichten oder ungesunde Essgewohnheiten die körperliche Entwicklung vieler Kinder schädigen, auch durch zu frühe und unnötige Medikation?

„Jedes Kind darf willkürlichen oder rechtswidrigen Eingriffen in sein Privatleben, (...) seinen Schriftverkehr oder rechtswidrigen Beeinträchtigungen seiner Ehre und seines Rufes nicht ausgesetzt werden." So haben es die Vertragsstaaten in Artikel 16,1 unterschrieben. Wenn wir Berichten von vielen Kindern zu Recht Glauben schenken und gleichzeitig immer wieder in sozialpädagogischen Einrichtungen, wie etwa in Tagesstätten, Heimen oder Kindergärten, beobachten können, dass Kinder während der Mahlzeiten zum Essen aufgefordert, überredet oder gar (indirekt) gezwungen werden, dann stellt dies einen willkürlichen oder rechtswidrigen Eingriff in das Privatleben eines Kindes dar. Kinder haben ein ungetrübtes Verhältnis zu ihrem eigenen Appetit. Sie haben ein subjektiv richtiges Verhältnis zu ihrem Körper und ihren eigenen Essrhythmen. Und dennoch glauben Erwachsene „richtiger zu wissen", was Kinder brauchen.

Kinder haben ebenfalls im Ausmalen ihrer Bilder, im Freilassen bestimmter Blattflächen und in der bewussten Auswahl ihrer Malfarben eigene Richtigkeitskriterien, die nicht selten von Erwachsenen aufgrund ihrer „objektiven Wahrheit" korrigiert werden. So muss die Frage gestellt werden, warum es nötig zu sein scheint, dass Kinder noch freie Blattflächen ausmalen sollen, warum die Sonne nicht mit schwarzer Farbe oder der Himmel nicht mit gelben Wolken gemalt werden soll, warum die Proportionen der Personen/Gegenstände stimmig sein müssen oder warum unvollständige Gegenstände vervollständigt werden sollen. All diese Eingriffe sind willkürlich und rechtswidrig.

Oder Kinder, die des Öfteren durch „Unartigkeiten" aufgefallen sind – warum geraten sie zuerst in den Blickwinkel bei neuen Missgeschicken und werden dann zunächst als Erste „unter die Lupe genommen"? Bewertungen oder gar Beschimpfungen schaden dem Ruf eines Kindes und tragen dazu bei, dass Rollenzuweisungen durch andere verfestigt werden. Ein Umstand, der verboten ist und dennoch geschieht er häufiger, als viele Erwachsene denken.

Sicher – „das Kind hat Anspruch auf rechtlichen Schutz gegen solche Eingriffe oder Beeinträchtigungen" (Artikel 16,2), aber wenn diese durch Erwachsene vollzogen werden, sind rechtliche Schutzmaßnahmen durch Erwachsene selten. BündnispartnerInnen von Kindern – wenn sie es wirklich sind – werden Beobachtungen willkürlicher und rechtswidriger Eingriffe in das Privatleben von Kindern öffentlich machen. BündnispartnerInnen von Kindern – also gerade LehrerInnen und ErzieherInnen – werden dort öffentlich das Wort ergreifen, wo die Ehre oder der Ruf eines Kindes geschädigt wird.

„Die Vertragsstaaten erkennen das Recht des Kindes an, sich frei mit anderen zusammenzuschließen und sich friedlich zu versammeln" (Artikel 15,1). Wie ist es dann mit der Tatsache zu vereinbaren, dass etwa Höchstzahlen in einigen Kindergärten für den Aufenthalt in der Puppen- oder Bauecke festgelegt sind? Wie ist es mit der Forderung stimmig, dass sich Kinder mit ihren Freundinnen/Freunden treffen wollen und sich Erwachsene gegen diese Treffen aussprechen, wenn ihnen der Freund/die Freundin nicht „zusagt"? Kinder haben ein Recht dazu – und Erwachsene gestehen es ihnen bei Weitem nicht immer zu! Im Artikel 14,1 heißt es: „Die Vertragsstaaten achten das Recht des Kindes auf Gedanken-, Gewissens- und Religionsfreiheit." Greifen wir zunächst einmal das Recht auf Gedankenfreiheit heraus. Die Gedanken der Kinder unterliegen so häufig ihrem magischen Denken, und sie berichten von Gespenstern und „imaginären Freunden", von Löwen und Tigern, die zu Hause leben, und von Feen, die die Wiesen verzaubern. „Die Gestalten gibt es doch gar nicht" – so das kurze und vernichtende Urteil vieler Erwachsener, und sie bemerken nicht, dass Kinder ihre Ängste und Wünsche in Symbolen verpacken und ihre Art der Gedanken nach außen tragen auf ihre kindeigene Art und Weise. Erwachsene übertragen ihre Art des Denkens auf die der Kinder und missachten dabei die vom Alter unterschiedlichen Arten des Denkens.

Kinder – so heißt es weiter in diesem Teil der UN-Konvention – haben auch ein Recht auf Gewissens- und Religionsfreiheit.

Jeder kennt es, dass Kinder, die Angst haben, bei ihren entdeckten „Untaten" lügen – eine verständliche Reaktion. Doch statt des Verstehens dieser Ängste und der Versuche, emotionale Blockaden zu verändern, werden „ertappte Sünder" inquisitorisch befragt. Selbstverständlich werden Kinder immer mehr unter Druck geraten, und die Gewissensfreiheit wird immer weiter eingeschränkt.

Kindern „wird das Recht zugesichert, die eigene Meinung in allen das Kind berührende Angelegenheiten frei zu äußern. Gleichzeitig sichern die Vertragsstaaten zu, die Meinung des Kindes angemessen und entsprechend seinem Alter und seiner Reife zu berücksichtigen" (Artikel 12,1). Halten wir einmal fest: Jedem Kind, unabhängig von seinem Alter und seinem Entwicklungsstand, wird also das Recht zugesichert, dass es immer, wenn es das Kind betrifft, seine Meinung frei äußern kann. An dieser Stelle könnten wohl Tausende alltäglicher Beispiele aufgeführt werden, die verdeutlichen, dass Erwachsene genau dieses Recht vielen Kindern verweigern. Dabei ist es gleich, ob es schmusen mag oder nicht, spielen möchte oder nicht, Hunger oder keinen Hunger hat, lieber etwas anderes tun möchte, als von Erwachsenen vorgesehen, Absprachen verändern möchte, seinen Ärger oder Unmut loswerden will, um Hilfe bittet, allein gelassen werden möchte oder einer von den ErzieherInnen vorgeschlagenen Tätigkeit nicht nachkommen will. Kinder haben ein Recht auf ihre freie Meinungsäußerung – in der Schule wie im Kindergarten, zu Hause wie in der Therapie, in der Musikschule wie bei Verwandten und Bekannten.

Nachwort

Kinder haben Rechte – durch das Grundgesetz, das Gesetz zur Neuorientierung des Kinder- und Jugendhilfebereichs (KJHG) oder durch das UN-Übereinkommen über die Rechte des Kindes. Wir Erwachsenen denken dabei viel zu sehr und allzu häufig an die „großen Rechte" oder „großen Rechtsverfehlungen in anderen Ländern und Staaten", an „sichtbare Rechtsverletzungen im großen/brutalen Stil" oder an „Rechtsverweigerungen in der großen Öffentlichkeit". Dabei werden leider die zahlreichen Rechtsbrüche gegen Kinder im Kleinen, Verborgenen allzu schnell vergessen und verdrängt.

Kinder haben verbriefte Rechte und dazu gehört ein Gesetzgeber, der dafür sorgt, dass Rechtsverletzungen überflüssig werden – durch finanzielle Förderungen lebenswerter Wohnkulturen und unter Beachtung ökologischer Schutzmaßnahmen. Dazu gehören Träger und Verbände, die Rahmenbedingungen in Einrichtungen für Kinder ermöglichen, dass Rechte von Kindern weitaus mehr beachtet werden können. Dazu gehören Berufsverbände und Landeseinrichtungen, die sich parteilich mit ErzieherInnen und ihren Forderungen nach Verbesserungen der Arbeitsbedingungen solidarisieren und dazu gehören Kindertagesstättengesetze und Curricula in Schulen, die real dafür sorgen, dass eine kindorientierte, qualifizierte Pädagogik umzusetzen ist. Und schließlich gehören pädagogische Fachkräfte dazu, die in Solidarität mit Kindern unberechtigte Erwartungen von außen bewusst und kompetent abwehren, die Rechte von Kindern täglich neu wertschätzen und öffentlich auf Rechtsverletzungen aufmerksam machen.

Kinder und ihre Krankheiten oder: Wenn Seelen weinen

Wer sich heute bewusst und engagiert, reflektiert und wahrheitsorientiert das Leben von Kindern anschaut, wird auf Daten und Fakten stoßen, die betroffen machen und Konsequenzen im Handeln fordern. So schätzt etwa der Bielefelder Kindheits- und Jugendforscher Klaus Hurrelmann, dass rund 40 Prozent aller Kinder bei uns unter Nervosität, Unruhe, Rückenschmerzen, Magenbeschwerden und Schlafstörungen leiden. Und die Tendenz – so Hurrelmann – ist weiter steigend. Berichte aus Kindergärten zeigen zudem, dass viele Kinder unter vielfach erlebtem Druck stehen und Schwierigkeiten beim Essen, Sprechen und bei der Konzentration haben.

Kinder steigen immer mehr innerlich aus, weil sie immer weniger die Möglichkeit spüren, ihre vielen inneren Bilder zu ordnen, zu verstehen und zu bearbeiten. Kindheit ist immer mehr organisiert und isoliert, ihr Leben ist eingegrenzt, ihre Lebenszeiten sind in Stücke geteilt, und ihre Welt ist immer mehr zerrissen. Zusammenhängende Aktivitätswünsche werden unterteilt, Verpflichtungen bestimmen den Tages- und Wochenablauf, und Erwartungen vielfältiger Art stürzen auf Kinder ein und lassen sie notgedrungen zu dem werden, was sie sind: Wanderer in einer fremden Welt, die Aufgaben zu erfüllen haben, weil Erwachsene glauben, stets zu wissen, was für sie gut ist.

Dies hat zur Folge, dass der eigenständige Entwicklungszeitraum „Kindheit" von Erwachsenen nicht mehr als ein Lebensabschnitt der Entfaltung und des Wachsens verstanden, sondern als ein „Förderfaktor" angesehen wird, der durch Anforderungen, Erwartungen und Programme so auszufüllen ist. Kinder werden zu Handlungsgehilfen Erwachsener. Sicher: Kommt es einmal dazu, dass sie gefragt werden, welche Ziele beabsichtigt sind, so fallen Aussagen wie „Förderung der körperlichen, seelischen und intellektuellen Persönlichkeitsentwicklung des Kindes auf der Grundlage einer ganzheitlichen Pädagogik". Schaut man dann aber genauer hin, entlarven sich viele Aussagen als Worthülsen.

Halten wir folgende Tatsachen fest:

- Kinder sind in vielen Fällen Opfer gesellschaftlicher Entwicklungen.

- Sie partizipieren nicht an der zunehmend freien Zeit der Erwachsenen.

- Kinder zeigen immer mehr Verhaltensweisen, die zeigen, dass es ihnen seelisch und körperlich schlecht geht.

- Lebenschancen von Kindern werden durch mannigfache Bedingungen im weiten Feld der Ökologie, Ökonomie, der Landschaftszersiedelung, der Wohnraumbegrenzung, des Straßenverkehrs, des Lärms und der primären Sozialisationsbedingungen eingeengt.

- Einschränkende Entwicklungsbedingungen behindern Lebenschancen und Entfaltungsmöglichkeiten.

- Zunehmende Therapeutisierungs- und Pädagogisierungstendenzen führen dazu, dass Kinder massiv in ihrem „Kindseindürfen" beschnitten werden.

- Erwartungen der Erwachsenen, wie Kinder zu sein haben, lassen für Kinder kaum noch die Freiheit, den Anforderungen zu entgehen.

Wen wundert es da, wenn Kinder immer mehr in einen Dauer-stress verfallen und Symptome entwickeln, die Signale dafür sind, dass es den Kindern immer schlechter geht? Sie haben Herzrasen, feuchte Hände, Kopfschmerzen und Magenbeschwerden. Sie trau-en niemandem und kritisieren jeden. Sie sind ungeduldig, nervös, reizbar und vor allem – sie stecken voller Aggressionen. „Wer sind diese Kandidaten vom klassischen Typ A, deren Lebensstil und Arbeitsverhalten so anfällig für den Herzinfarkt und Kreislaufver-sagen macht? Manager, Börsenspekulanten oder Unternehmer? Falsch. Es sind Kinder." (aus: Psychologie heute)

Schauen wir uns einmal genauer diesen Mechanismus der Reak-tion von Kindern an, dann ist es so, dass Kinder mit all ihren Sinneseindrücken nicht fertig werden und die subjektiv erlebte Überforderung ihnen Angst macht. Genau diese Angstemotionen werden an die Hypophyse gemeldet, die dann ein Hormon (ACTH-Hormon) direkt in die Blutlaufbahn ausschüttet. Die Nebennie-renrinde reagiert daraufhin sofort mit der Ausschüttung von Adrenalin, und all diese Hormonanteile versetzen den Körper in Alarmbereitschaft. Nicht nur einmal am Tag – nein, dies geschieht unzählige Male. Die Kinder spüren dies genau. Sie zeigen uns Sig-nale in ihren Zeichnungen und Bildern, in ihren Verhaltensweisen und indirekten Sprachäußerungen. Je weniger diese verstanden und aufgegriffen werden, desto mehr geraten Kinder in Ungleich-gewicht zu ihrer unmittelbaren Umwelt.

Im psychomotorischen Bereich zeigen sich diese Kindernöte im Weglaufen, im Gebanntsein, im Erstarren, im Rückzug, in hastiger Eile oder etwa in der Ohnmacht zum Handeln. Der Körper reagiert zusätzlich durch Blässe, Herzklopfen, schnelleres, unregelmäßi-ges Atmen, Erröten, Schwitzen und z. T. völligem Verspannen der Muskeln. Die Frage stellt sich, wo und wann Kinder nun endlich die Möglichkeit haben, diese angestaute Energie abzureagieren, um (un)bewusst dafür zu sorgen, dass sich die Spannung in Ent-spannung wandelt, dass Erregung zur Ruhe wird und Unlust zum Handeln zur Lust verändert wird. Wo aber Signale der Kinder nicht verstanden und konstruktiv aufgegriffen werden, fühlen sie sich einsam, verlassen und allein, und die Angst des Versagens vor dem Leben weitet sich in Kinderseelen aus. Was dann bleibt, ist Immigration und das Weinen der Seele.

Kindheit – ein Weg des Suchens

Entwicklung von Kindern kann nur dort geschehen, wo Kinder real erfahren, dass sie erwünscht und angenommen sind, Sicherheit spüren, Freiheit in erlebter Geborgenheit erleben können und die Akzeptanz ihrer Einmaligkeit erfahren wird. Stattdessen wird der Weg des Suchens durch Erwachsenenziele vorbestimmt.

Bei Umfragen wird immer wieder geäußert, dass Kinder eine finanzielle Belastung darstellen würden, die den Lebensstandard einschränkt, und dass Kinder eine Einschränkung der Berufstätigkeit notwendig machen würden. Hier wird deutlich, was Kinder letztlich auszutragen haben, ob es ihnen passt oder nicht. Sie werden nicht gefragt, wie sie damit umgehen können, und sie werden nicht auf ihrem Weg des Suchens in dem Maße unterstützt, wie sie es brauchen. Ihr Weg wird dann „folgerichtig" – wenn auch völlig kindunzentriert – mit Anforderungen belegt, die ihnen deutlich machen, welches „angemessene Verhalten" erwünscht ist. Erziehung droht zur Groteske zu werden, weil erlebte Gegenwart verkannt und im Hinblick auf die Zukunft verplant wird.

> *„Was soll man aber von jener barbarischen Erziehung halten, die die Gegenwart einer ungewissen Zukunft opfert, die also das Kind mit allerlei Fesseln belastet und von vornherein unglücklich macht, um es auf irgendein in weiter Ferne liegendes Glück vorzubereiten, das es vielleicht nie erreicht?"*
>
> ***Jean-Jacques Rousseau***

Das Gefühl des Nicht-verstanden-werdens, der Unsicherheit und der Angst lässt Kinder nun den Weg ihres Überlebens suchen

– einen Weg, der schmerzt, der aber dennoch Belastungen und unbefriedigende Situationen überleben lässt: der Weg des Krankseins. Der Weg in die Krankheit ist häufig die letzte Hoffnung auf Heilung der Schmerzen von Körper und Seele. Ausgehend von der Ganzheitlichkeit des Menschen und seines Lebens, dass Körper und Geist eine Einheit bilden, ist es dann verständlich, dass Kinder trotz unversehrter Sprachorgane stottern, dass sich Kinder trotz körperlicher Gesundheit erbrechen oder Magenschmerzen haben, dass Kinder trotz intakter Harnwege einnässen, dass Kinder trotz eines intakten Schließmuskels einkoten, dass Kinder trotz intakter Luftwege Atembeschwerden haben, dass Kinder trotz Ausschlusses körperlicher Ursachen unter allergischen Reaktionen leiden, dass Kinder trotz realer Müdigkeit Ein- oder Durchschlafschwierigkeiten haben, dass Kinder trotz körperlicher Gesundheit Fieberanfälle bekommen, dass Kinder trotz körperlicher Gesundheit Kopfschmerzen und Migräne bekommen.

Kinder sind dabei auf der Suche nach Nähe, Wärme, Liebe, Kontakt und Beziehung Ihre Lebensbiografie hat sie gelehrt, dass sie dies bei Krankheit erhalten: eine Person, die sich ganz um sie kümmert, eine Person, die sich verstärkt Sorgen um sie macht, eine Person, die für sie da ist, ihnen vorliest, sie verwöhnt und die Seele mit vielen guten Beziehungsgeschenken streichelt. Wie hat es doch einmal die große Familientherapeutin Virginia Satir formuliert: „Ich glaube daran, dass das größte Geschenk, das ich von jemandem empfangen kann, ist, gesehen, gehört, verstanden und berührt zu werden. Das größte Geschenk, das ich geben kann, ist, den anderen zu sehen, zu hören, zu berühren. Wenn dies geschieht, entsteht Kontakt."

Es fällt nicht schwer, dazu entsprechende Gedankensplitter zu entwickeln: Wirkliches Wachsen entsteht aus der Begegnung von großen und kleinen Menschen. Statt Ruhe herrscht Hektik, und Zartheit weicht lautem Gebrüll. Selbst sanftes Berühren wird kaum noch beachtet, weil Schnelligkeit alles beherrscht. Besinnung, einen Augenblick lang, wird zum kostspieligen Hobby, weil

Reden das Zuhören erdrückt. Das Lächeln erstirbt kaum, dass es das Licht der Welt erblickt hat.

Krankheit als Weg

Wenn nicht selten für Kinder Krankheiten die einzige Möglichkeit sind, das zu erhalten, wonach sie sich so sehr sehnen, dann gibt es für ErzieherInnen folgende Aufgabe:

- Achtung der Krankheit von Kindern mit der Notwendigkeit, diese ernst zu nehmen und wirklich zu respektieren.

- Unterlassung von Äußerungen, die dem Kind signalisieren, dass es nicht verstanden wird. Hier sei an erster Stelle dieses unsinnige „Ist doch nicht so schlimm" oder „Stell dich nicht so an" erwähnt. Dies muss ein Kind als Faustschlag gegen sein Empfinden verspüren.

- Stützung der Eltern in der Frage, Krankheit als einen Weg des Gesundens von Kindern zu verstehen, und sie zu motivieren, es den zu Hause gebliebenen Kindern schön zu machen. (Anmerkung: Wünschen wir es uns nicht manchmal selbst, einmal so richtig verwöhnt zu werden?)

- Untersuchungen der Fragestellung, welche für Kinder berechtigten Auslöser dazu führen, dass ein Kind häufiger als gewöhnlich krank ist, um Hintergründe zu identifizieren und gemeinsam mit Eltern zu verändern.

- Ein kritischer Umgang mit Medikamenten und Arzneiverordnungen. Statt arztergebener Hörigkeit sollten einerseits wieder natürliche Möglichkeiten des Gesundwerdens entdeckt werden, andererseits müsste die Krankheit als ein Schlüssel verstanden werden, der uns auf Hintergründe aufmerksam machen kann.

- Und vor allem sollten Kinder – auch im Kindergarten, in der Krippe, in der Tagesstätte – das Bett als eine angenehme, freiwillig zu nutzende Ruhestätte erfahren, die nicht als disziplinorientiertes, strafendes Instrumentarium von Erwachsenen gegen Kinder eingesetzt werden darf. Pflichtruhen, Mittagsstunden oder ähnliche Tagesregeln dienen bekanntlich weniger den Kindern als vielmehr den MitarbeiterInnen, Ruhe nach eigenen Maßstäben herzustellen.

Kinder und Erwachsene werden dann den Weg der Krankheit immer weniger zu nutzen brauchen, wenn es ihnen gegeben ist, sich überall dort zu offenbaren, wo sie es wünschen. Wo Kinder und Erwachsene in ihrer Individualität beschnitten und unterdrückt werden, wo lebensfeindliche Bedingungen den Tagesablauf zur Qual/zum Zwang werden lassen, wo Konkurrenz untereinander die Solidarität vernichtet und wo Konflikte durch Bedingungen provoziert und gleichzeitig unterdrückt werden, dort ist ein guter Nährboden für Krankheit. Also gilt es, diesen Bedingungen auf die Spur zu kommen und für Kinder oder dort, wo es möglich ist, mit Kindern gemeinsam das Leben so zu organisieren, wo immer weniger Krankheiten die Chance haben, sich breitzumachen.

Abschließende Gedanken

Kinder in ihrer Krankheit, mit ihrem Leiden und ihren Sorgen nicht zu begreifen heißt letztlich, Kinder in ihrem letzten Ausdruck von seelischem Schmerz zu missachten. Krankheiten zu verstehen – in ihrer speziellen Symptomatologie – setzt aber voraus, sie zu achten und selbst als erwachsene Person anzunehmen, dass der ernste Charakter der Krankheit nicht negiert oder unterdrückt, sondern in seiner ganzen Bedeutungstiefe begriffen wird. Es liegt an uns, den Prozess der verstehenden Akzeptanz bei uns selbst, bei KollegInnen und mit Eltern zu unterstützen.

Verhaltensauffälligkeiten – sinnvolles und situationsangemessenes Signal- und Problemlöseverhalten von Kindern

Ausgangslage

Verhaltensstörungen, Verhaltensauffälligkeiten, Entwicklungsstörungen, Erziehungsschwierigkeiten, Schwererziehbarkeit, gemeinschaftsschwierige Kinder – Schlagworte, die sowohl in der pädagogischen/sozialpsychologischen Literatur eine zentrale Rolle einnehmen als auch in der praktischen Arbeit immer wieder in den Mittelpunkt der Betrachtung rücken. Verhaltensauffälligkeiten bei Kindern stellen Eltern und ErzieherInnen gleichsam vor ein immer größer werdendes Problem, das sie in vielen Fällen ratlos macht oder manches Mal auch verzweifeln lässt.

Aus der Psychiatrie-Enquete (Bericht über die Lage der Psychiatrie in der Bundesrepublik Deutschland) müssen wir die alarmierende Meldung zur Kenntnis nehmen, dass eine Reihe von Untersuchungen belegt, dass 20 bis 25 Prozent aller Schulkinder Verhaltensweisen zeigen, die als auffällig bezeichnet werden müssen und einer Klärung bedürfen. Weiterhin wird in dem Bericht erwähnt, dass 31 Prozent der Kinder in einer Großstadt, die in die erste Klasse eingeschult werden sollten, Auffälligkeiten und Leistungsbeeinträchtigungen zeigten. Mitarbeiter des Freiburger Modellkindergartens erhärten diese Angaben und sprechen von 20 bis 25 Prozent verhaltensauffälligen Kindern im Elementarbereich. Eine Untersuchung des Tübinger Klinikums (Abteilung für Kinder- und Jugendpsychiatrie) ergab, dass 20 Prozent der untersuchten Kinder gravierende Störungen zeigten.

Verhaltensauffälligkeiten werden damit zum Hauptproblem von Eltern, LehrerInnen und ErzieherInnen. Ihr Wunsch, Vorschläge und Hilfestellungen für die pädagogische Arbeit zu bekommen, ist verständlich. Denn es belegt ihren Versuch, mit dem Problem von auffälligem Verhalten bei Kindern besser umgehen zu können. Eines stimmt dabei nachdenklich: Fast immer richtet sich das Interesse auf das Kind und kaum auf die Auslöser bzw. Ursachen. Lösungsvorschläge und Rezepte sind gefragt, die eine Antwort auf die Frage geben, „wie man diese oder jene Verhaltensauffälligkeit des Kindes in den Griff bekommen kann". Versucht man einmal, die von den ErzieherInnen genannten „Schwierigkeiten der Kinder" näher zu erfassen, so berichten sie Folgendes: Kinder zeigen

- Auffälligkeiten im Umgang mit Gleichaltrigen, etwa indem sie andere provozieren, belästigen, schlagen, anschreien, beschimpfen, jähzornig reagieren ...

- Auffälligkeiten im Gefühlsbereich, etwa indem sie schwer ansprechbar sind, in sich zurückgezogen leben, ängstlich in einer Ecke stehen, aggressiv-zärtlich sind ...

- Auffälligkeiten im körperlichen Bereich, etwa an Nägeln kauen, motorische Hyperaktivität ausleben, über Bauchweh klagen, Koordinationsstörungen zeigen ...

- Auffälligkeiten im Verhalten zur ErzieherIn, etwa Anweisungen nicht ausführen, nicht zuhören, sie beschimpfen ...

Auffälligkeiten im Arbeitsbereich, etwa indem sie unselbstständig arbeiten, schwankendes Arbeitsverhalten an den Tag legen, unkonzentriert sind, plan- und ziellos vorgehen, ohne Ausdauer arbeiten, zunehmend abgelenkt sind, übertrieben ehrgeizig an die Arbeit gehen ...

◻ Auffälligkeiten im Bereich der Institutionsordnung, etwa Hauseigentum beschädigen, sich nicht an Arbeitsaufgaben oder aufgestellte Regeln halten ...

◻ Auffälligkeiten, indem sie selbst in keiner Weise auffällig sind: Sie verhalten sich überangepasst, völlig passiv, führen ständig ihre Arbeit übereifrig aus ...

Aus dem eben beschriebenen Versuch, auffälliges Verhalten zu benennen und in „Symptom-Schemata" einzuordnen, ergeben sich zwei wesentliche Gefahren: Das Verhalten der Kinder, das als auffällig bezeichnet wird, steht isoliert (= unabhängig von Rahmenbedingungen) aufgeschrieben da. Damit wird die Verhaltensauffälligkeit als eine im Kind liegende negative Eigenschaft angesehen. Ausgehend von der Tatsache, dass Auffälligkeiten den Kindern zugeschrieben werden, werden verhaltensändernde Maßnahmen nur auf das Kind konzentriert. Auffälligkeiten werden damit in die Richtung eines „pathologischen Befundes" gedrängt, zumal sowohl in Gesprächen mit ErzieherInnen als auch in vielen Fachbüchern von „Heilung" des Kindes die Rede ist. Eine Sicht- und Arbeitsweise, die Entstehungsursachen von auffälligem Verhalten nur „im Kind liegend" sucht und auslösende Situationen unberücksichtigt lässt, lässt das Kind zum „Behandlungsobjekt" werden und treibt Etikettierung voran.

Verhaltensstörung – ein problematischer Begriff

Kinder, die als verhaltensgestört bezeichnet werden, sind nach Aussagen von ErzieherInnen etwa herrschsüchtig, passiv, labil, erregbar, aggressiv, kontaktgestört, unangepasst, sexuell auffällig oder streitsüchtig. Sie schwindeln, stehlen, treiben sich herum, schwänzen Termine, belästigen andere oder reagieren trotzig; sie haben Sprachstörungen, Zwangsvorstellungen, depressive Verstimmungen oder Störungen des Selbstwertgefühls.

Die Vielfalt dieser Begriffe könnte problemlos ausgeweitet werden. Leider tragen sie kaum zur Klärung sogenannter problematischer Verhaltensweisen bei; vielmehr sind es Allgemeinbegriffe, die aufgrund subjektiver Einschätzung gebraucht werden und voller Werturteil stecken. Gerade das ist aber hinderlich für eine notwendige objektiv-distanzierte pädagogische Arbeit.

Weiterhin bedeutet der Begriff Verhaltensstörung, dass das betreffende Kind von einer festgelegten Norm abweicht und sich selbst bzw. andere stört – allerdings erscheint der Begriff Störung auch in diesem Zusammenhang unlogisch zu sein, weil die Bezugsnorm einerseits nicht exakt definiert ist, andererseits zudem bindend unreflektiert übernommen wird.

Leider sind die oben genannten Begriffe sehr undeutlich bestehende Sammelaussagen, die aus pädagogischer oder sozialpsychologischer Sicht betrachtet keinen Aussagewert im Allgemeinen oder Besonderen besitzen. Sowohl Häufigkeit als auch Intensität eines abweichenden Verhaltens können aus den Begriffen nicht abgeleitet werden. In der Regel dienen die oben genannten Begriffe auch als Erklärung für Verhaltensweisen, die ein Kind zeigt („Andrea findet keinen Kontakt, weil sie herrschsüchtig ist"), oder ein bestimmtes problematisches Verhalten wird mithilfe einer „Verhaltensstörung", die in unmittelbarem Zusammenhang zu stehen scheint, begründet („Andrea schlägt andere Kinder bzw. ärgert sie ständig, weil sie streitsüchtig ist"). Damit werden pseudopädagogische Erklärungen geliefert bzw. Begründungen aufgestellt, die in sich unschlüssig und nicht hilfreich für problemverändernde Maßnahmen sind.

Der Gebrauch des Begriffes „Verhaltensstörung" ist sicher diskriminierend und stabilisiert bzw. erhöht das Auftreten von

Verhaltensirritationen, zumal betreffende Kinder dieses negative Fremdbild ihrer Eltern/ErzieherIn übernehmen und zum eigenen negativen Selbstbild werden lassen. Und schließlich scheint der Begriff „Verhaltensstörung" auch deswegen für einen Gebrauch völlig ungeeignet zu sein, weil er Eltern und BerufserzieherInnen in eine Denkrichtung bringt, die es ihnen unmöglich macht, auffälliges Verhalten auch einmal aus einer völlig anderen Perspektive zu betrachten: dass „Verhaltensstörungen" sinnvolle und situationsangemessene Signal- und Problemlöseverhaltensweisen von Kindern sind!

Die Sichtweise von Verhaltensstörungen nach dem sogenannten medizinischen Modell

Vertreter des medizinischen Modells sind sowohl in Wissenschaft und Forschung als auch vor allem in der pädagogischen Praxis zu finden. Sie schreiben verhaltensauffälligen Kindern die Ursachen für das Entstehen von Verhaltensauffälligkeiten zu und begründen es mit deren Persönlichkeit. Dies hat dann folgerichtig die Konsequenz, dass alle zutreffenden pädagogischen und therapeutischen Maßnahmen auf das Kind zentriert werden. Insofern erscheint es dann auch verständlich, wenn etwa von dem Begriff „Heilung" gesprochen wird.

Kritische Anmerkungen: Wenn von Heilung gesprochen wird, dann werden Verhaltensauffälligkeiten in die Richtung eines krankhaften Befundes gedrängt. Heilung verweist auf die Existenz von Abartigkeiten und somit auf Krankheit. Dieser Blickwinkel von auffälligem und gestörtem und damit abweichendem Verhalten bezieht sich auf ein Krankheitsmodell nach dem Motto: Gesundheit wird als Nichtexistenz von Krankheitssymptomen bezeichnet, und Krankheit beinhaltet ein Vorliegen von Krankheitsbildern. Hiermit ist aber grundsätzlich ein Aufbau bzw. eine Weiterführung von Stigmatisierungsprozessen gegeben, einer feststellenden Zuschreibung von Verhaltensauffälligkeiten, ausgerichtet auf das

Kind. Da abweichendes Verhalten aber von Situationen, Bedingungen, Strukturen und Personen geschaffen wird, die das Kind umgeben, ist der medizinische Begriff Heilung auch insofern nicht ungefährlich, weil sich so die um das Kind bemühenden Personen auf den Symptomträger KIND stürzen.

So fehlen auch in den Theorie- und Praxisansätzen der Anhänger des medizinischen Modells Verbindungen bzw. Hinweise darauf, dass zwischen dem als verhaltensgestört bezeichneten Kind und seiner Umwelt vor dem Auffälligwerden Kommunikations- und Handlungsprozesse stattgefunden haben. An diesen Prozessen sind entsprechend häufig Eltern und ErzieherInnen beteiligt. Dennoch sind sie es, die trotz ihrer Mitwirkung am Entstehen und Verfestigen von auffälligem Verhalten bei Kindern den Begriff Verhaltensstörung äußern und dem Kind zuweisen. Damit wird es zusätzlich zu seinen Schwierigkeiten auch noch diskriminiert. Sein Verhalten ist problematisch und falsch, es verhält sich abnorm, muss bestraft/reglementiert werden, weil es stört.

Vertreter des medizinischen Modells verstehen dann auch unter heilender Erziehung die Gesamtheit von Tätigkeiten, Anregungen und Motivationen, die dazu geeignet sind, verhaltensauffällige Kinder im motorischen, emotionalen, sozialen und kognitiven Bereich zu fördern, mit dem Ziel, dass sie unter Förderung ihrer Fähigkeiten zur sozialen Autonomie finden. Was ist damit ausgesagt? Hier steht zum einen nur die Förderung des Kindes im Vordergrund, zum anderen der Auf- und Ausbau der sozialen Autonomie. Was hier fehlt, ist die Berücksichtigung des sozialen Beziehungsfeldes als Erziehungsbereich (etwa Veränderung von Rahmenbedingungen, die eine für das Kind förderliche Atmosphäre erst ermöglichen). Außerdem bleibt auch die personale Autonomie unberücksichtigt. Wenn heilpädagogische oder therapeutische Konsequenzen für die Arbeit mit sogenannten Verhaltensauffälligen darin liegen, sie in bestimmten Bereichen zu fördern, dann hat es zur Folge, dass nur mit ihnen etwas gemacht wird, mit den Symptomträgern gestörter Beziehungsstrukturen.

Verhaltensauffälligkeiten aus der Sicht des sozialpsychologischen Modells

Es erscheint sinnvoll, die nun folgenden Ausführungen mit einer Definition von Verhaltensstörungen auf der Grundlage des sozialpsychologischen Modells zu beginnen: „Verhalten, das abnorm genannt wird, muss als Interaktion von drei Variablen untersucht werden: dem Verhalten selbst, seinem sozialen Kontext und einem Beobachter, der sich in einer Machtposition befindet. Kein spezifisches Verhalten ist in sich selbst abnorm. Vielmehr ist es so, dass ein Individuum irgendetwas (z. B. Halluzinationen verbalisiert, jemand anderen schlägt [...] stottert ...) unter bestimmten Bedingungen tut (z. B. während des Unterrichts, während er an seinem Schreibtisch arbeitet ...), das jemand anderen aus der Fassung bringt, ärgert, wütend macht oder stark stört (z. B. [...] Lehrer, Eltern oder das Individuum selbst) und ausreicht, bestimmte Handlungen auszulösen (z. B. die Polizei zu rufen, einen Psychiater zu empfehlen), sodass professionelle „Etikettierer" (z. B. Ärzte, Psychiater, Psychologen, Richter, Sozialarbeiter) mit dem Individuum in Kontakt kommen und entscheiden, welches aus der gegenwärtig gebräuchlichen Gruppe von Etiketten (...) am angemessensten ist. Schließlich folgen Versuche, die Ausführung der beanstandeten Verhaltensweisen zu ändern (z. B. Institutionalisierung, Psychotherapie, Medikation)" (Ullmann und Krassner 1969, zitiert nach Keupp 1974).

Was ist mit dieser alten, aber immer noch aktuellen Definition nun entscheidend ausgesagt? Verhaltensstörungen werden demnach als Interaktionsprodukt von Verhalten, situativem Bedingungsgefüge und Beurteilungsvorgängen beschrieben! Auf einen lerntheoretischen Ansatz übertragen bedeutet es, dass das individuelle Verhalten eines Kindes (Jugendlichen und Erwachsenen) eine Funktion der Umweltsituation (U), der Persönlichkeitsvariablen (P) und der ausgelösten Wirkung dieses Verhaltens auf die unmittelbare Umwelt (K = Konsequenz) ist.

$$V = f (U, P, K)$$

Zur Erklärung: Unter der Umwelt können wir alle Personen, Bedingungen, Objekte und Situationen verstehen und zusammenfassen, die ein Verhalten der Person direkt oder indirekt beeinflussen. Die Persönlichkeitsvariable erfasst alle Einflussarten, die ein bestimmtes Verhalten „von innen heraus" bestimmen, wie etwa biologische Merkmale wie die Funktionsfähigkeit der Sinne, körperliche Verfassung oder Arbeitsweise des Nerven- und Muskelsystems. Schließlich folgt auf das Verhalten eine Konsequenz, die sich uns als ausgelöste Wirkung offenbart (positive oder negative Reaktion). Wesentliche festzuhaltende Ergebnisse sind demnach folgende:

- Psychische Auffälligkeiten (= Verhaltensauffälligkeiten) kann es an sich nicht geben, weil eine Verhaltensstörungsbenennung immer eine wertende Beurteilung ist, die sich nach dem Bewertungsmaßstab des Beurteilers richtet.

- Wenn von Verhaltensstörungen die Rede ist, dann handelt es sich um das Ergebnis eines Beurteilungsvorganges, mit dem eine Reihe von Faktoren ganz eng verbunden ist: das Verhalten, das durch bestimmte Reize ausgelöst wird, Personen, die das gezeigte Verhalten beurteilen, sowie eine Reihe von Rahmenbedingungen, die als Auslöser, Verstärker oder verhaltenshemmende Faktoren wirken.

- Je auffällig anders oder weniger häufig ein bestimmtes Verhalten gezeigt wird, desto eher besteht die Möglichkeit, dass dieses Verhalten als auffällig bezeichnet wird (= Abweichung von der statistischen Norm) .

In jeder Gesellschaft, so auch in der Bundesrepublik Deutschland, herrschen ideelle Normvorstellungen vor, die einem Sollwert gleichgestellt werden. Das bedeutet, dass Menschen eine Vorstellung darüber besitzen (und äußern), wie sich etwa Kinder verhalten sollen. Weichen nun Personen von dieser gewünschten Norm ab, wird von ihnen verlangt, dass sie sich dem Sollwert angleichen bzw. anpassen und somit ein großes Maß an Konformität hergestellt wird. Auf das Problem Verhaltensstörung bezogen bedeutet das, dass bestimmtes Verhalten durch die Unterschiedlichkeit von aktuellen bestehenden Normen als abweichend etikettiert wird. Abweichendes Verhalten wird nicht zuletzt dadurch geschaffen, dass bestimmte Gruppen Regeln und Werte aufstellen, deren Überschreitung ein abweichendes Verhalten begründet.

Die wichtigsten Einflüsse, die das Verhalten von Kindern bestimmen und Verhaltensstörungen auslösen und verstärken:

Verhaltensstörung – Signal- und Problemlöseverhalten

Es soll nun versucht werden, anhand von einigen wenigen Beispielen, die Frage zu beantworten, ob Verhaltensstörungen tatsächlich gestörtes Verhalten darstellen oder ob sie nicht vielmehr sinnvolles und situationsangemessenes Signal- und Problemlöseverhalten von Kindern sind. (Anmerkung: Dabei sind die Beispiele zwar

verkürzt, aber im Hinblick auf die Fragestellung trotzdem aussagekräftig.)

Der fünfjährige Thomas – berichtet die ErzieherIn – fällt in seiner
Gruppe dadurch auf, dass er sich einerseits häufig mit den Kindern
prügelt, andererseits ihre Spielaktionen dadurch stört, dass er
ihnen Spielzeug wegnimmt, die Spielenden ärgert und Spielunter-
brechungen provoziert. Bei genauerer Beobachtung von Thomas
und der Gruppe sowie der ErzieherIn wird deutlich, dass er durch
Untergruppenbildung der anderen Kinder nicht die Möglichkeit
erhält, bei ihren Kleingruppen-Spielaktivitäten mitzumachen. Auf
seine Anfragen hin reagieren die Kinder gar nicht bzw. ablehnend!

Eine Analyse der Gruppenstruktur weist einerseits eine starre, un-
bewegliche Beziehungs-/Ablehnungsstruktur auf, andererseits ist
Thomas aufgrund der Rollenzuweisung zum Außenseiter erklärt
worden. Diese (seine) Rolle wird nicht zuletzt dadurch manifestiert,
dass die ErzieherIn nur dann zu ihm Kontakt aufnimmt (statt mit
ihm in vielerlei Situationen eine positive Beziehung aufzubauen
und zu pflegen), wenn er seine Verhaltensstörungen zeigt. Sogenanntes angemessenes Verhalten wird weder von den Kindern
noch der ErzieherIn bemerkt, geschweige denn aufgegriffen und
verstärkt.

Fazit: Thomas scheint unter der Belastung zu stehen, evtl. ganz
aus der Gruppe und der Beziehung zur ErzieherIn ausgeschlossen
zu werden; seine Erfahrung, dass die Kinder und seine ErzieherIn
nur dann mit ihm kontakten, wenn er sich – aus Sicht der anderen
– unangemessen verhält, veranlassen ihn, sich – folgenotwendig
– auch so zu verhalten, um damit wenigstens einen losen Kontakt
zu halten. Thomas zeigt sicher ein sinnvolles und situationsangemessenes Problemlöseverhalten, das gleichzeitig auch für die
ErzieherIn eine Signalbedeutung haben sollte.

Katrin, vier Jahre alt, zeigt im Kindergarten vor allem dann ein
übermäßig ängstliches Verhalten, wenn die ErzieherIn Anforderungen an sie stellt, wie etwa in der Nachbargruppe etwas erfragen,

Aufgaben vor der Gruppe ausführen, ein Stückchen eines Liedes vorsingen oder während der Bewegungserziehung eine Übung vormachen. Da wir wissen, dass Angstäußerungen seelische Entlastung zur Folge haben und gleichzeitig das Bedürfnis von Kindern nach Schutz signalisieren, ist Katrins Verhalten keine Verhaltensstörung, sondern ein sinnvolles und situationsangemessenes Signal- und Problemlöseverhalten, weil es ihre ihr zur Verfügung stehende Möglichkeit ist, sich zu beruhigen und ihre Angst nicht größer werden zu lassen.

Arno ist acht Jahre alt und besucht die zweite Grundschulklasse. Sowohl sein Lehrer als auch die Eltern klagen über zunehmende Konzentrationsschwäche und auffällige Konzentrationsstörungen. Schauen wir uns die Symptome Konzentrationsschwäche und -störungen etwas genauer an, dann erfahren wir, dass sie das Ergebnis vielerlei Auslöser und Ursachen sein können:

- ☐ Die Kinder sind einem sehr starken Leistungsdruck ausgesetzt;

- ☐ sie haben Angst, möglicherweise zu versagen;

- ☐ sie fühlen sich durch die Anforderungen überfordert;

- ☐ ihnen fehlt die Möglichkeit, mit anderen über ihr Problem zu sprechen;

- ☐ sie finden mit ihrem Problem bei Eltern, ErzieherInnen oder LehrerInnen kein Verständnis.

Fazit: Das für Arno bestehende Problem in der Schule ist nicht gelöst. Seine Verhaltensstörung, Konzentrationsschwäche, dient folgerichtig als Signal dazu aufzuzeigen, dass eine Lösung seiner Konflikte notwendig ist. Solange es ungelöst bleibt, so lange hat auch seine Verhaltensstörung einen Sinn; ebenso ist sein Signal situationsangemessen, weil sein Problem mit den bestehenden Rahmenbedingungen in direktem Zusammenhang steht.

Die Beispielnennung könnte hier ebenso lange fortgesetzt werden, wie es Verhaltensauffälligkeiten gibt. Eines haben sie aber immer gemeinsam: Sogenanntes abweichendes Verhalten ist ein dem Kind als adäquate Möglichkeit zur Verfügung stehendes Problemlöseverhalten, mit dessen Hilfe es versucht, seine Probleme, die durch bestehende und angewandte Werte, Normen und Sanktionen anderer entstanden sind, zu bewältigen. Trotz einiger Buchveröffentlichungen und einer Reihe von Aufsätzen in Fachzeitschriften zum Themenbereich Verhaltensauffälligkeiten auf der Grundlage des sozialpsychologischen Modells zur Erklärung von abweichendem Verhalten ähnelt die Sichtweise vieler ErzieherInnen eher dem medizinischen Modell. Die Frage, warum dies so ist, lässt viele Antworten zu:

- Der Begriff Verhaltensauffälligkeit wird oft dann gebraucht, wenn Qualität und Quantität eines anderen Verhaltens nicht dem eigenen Erfahrungsbereich entspricht.

- Meist fühlen sich ErzieherInnen mehr dem Normen- und Wertesystem eigener bzw. gesellschaftlicher Vorstellungen verpflichtet, als sich einem „Risiko" auszusetzen, Werte und Normen neu zu sehen und sie zu gestalten.

- Verhaltensweisen anderer, so auch bei Kindern, die als störend erlebt werden, fördern eher eine Abwehrhaltung bei Menschen als eine Annahme.

- Verhaltensauffälligkeiten aus der Sicht von sinnvollem und situationsangemessenem Signal- und Problemlöseverhalten bei Kindern verlangen aufgrund ihrer Mehrschichtigkeit ein intensives und engagiertes Arbeiten. Dagegen ist eine medizinische Sichtweise und der Wortgebrauch von Verhaltensstörungen einfacher und zeitsparender (z. B. aggressiv = Problemkind).

- Viele ErzieherInnen sind im Umgang mit Gefühlen von Kindern – nicht zuletzt auf der Grundlage der eigenen Lerngeschichte – hilflos, unerfahren und unsicher.

- Die Existenz von sogenannten professionellen Helfern und Einrichtungen (Psychiatern, Erziehungsberatungsstellen, Psychotherapeuten, heilpädagogischen Heimen, Spezialschulen) verleitet ErzieherInnen dazu, Verantwortung abzugeben und Kinder an entsprechende Fachleute/Institutionen weiterzuleiten.

- Und schließlich: Die Angst vieler ErzieherInnen, eigenes Verhalten als Ursache oder Auslöser für kindliche Verhaltensauffälligkeiten zu erkennen, hindert sie daran, Verhaltensauffälligkeiten im Sinne des sozialpsychologischen Modells zu sehen und zu verstehen. Das würde bedeuten, sich einerseits in die Gesamtbetrachtung miteinzubeziehen und sich andererseits mit eigenen Verhaltensweisen wie Angst, Aggressivität, Wut, Ärger, Vermeidungsverhalten, Isolation etc. auseinanderzusetzen.

Arbeitsansatz

Ebenso wie Verhaltensauffälligkeiten das Ergebnis einer Auseinandersetzung des Kindes mit seiner Umwelt sind und damit vielschichtige Ursachen, Auslöser und Verstärker haben, verlangt auch die Arbeitsweise im Sinne des sozialpsychologischen Ansatzes ein breites und zielgerichtetes Tätigwerden. Anknüpfungspunkt für problemverändernde Maßnahmen sind immer die Situationen, in denen Kinder ihre Probleme signalisieren. Die Identifikation der Störquellen als Ursache/Verstärker/Auslöser für auffälliges Verhalten ist dabei die wesentliche Voraussetzung für eine Intervention. So müssen alle institutionellen, personellen und sachlichen Bedingungen, unter denen das auffällige Verhalten auftritt, analysiert werden; es folgt eine Formulierung und Erhebung von Hypothesen über die Situationen, die Verhaltensauffälligkeiten auslösen, und schließlich werden reale Möglichkeiten zur Problemveränderung ausgewählt und in die Praxis umgesetzt. Dabei kann schon bei der Bedingungsanalyse deutlich werden, auf welcher Ebene eine Veränderung anzustreben ist:

- in der Institution, ihren Rahmenbedingungen, Werten und Regeln;

- in der Gruppe, bei Kollegen, bei Eltern und deren Verhalten;

- bei der eigenen Person;

- bei den Lebensbedingungen/-umständen des Kindes.

Lassen Sie uns alle Bedingungen im alltäglichen Leben schaffen, die es Kindern und uns selbst ermöglichen, möglichst wenig Verhaltensauffälligkeiten zu zeigen. Lassen Sie uns erst die Kinder und ihre Verhaltensauffälligkeiten verstehen, bevor wir erziehen. Lassen Sie uns nicht gegen Verhaltensauffälligkeiten arbeiten, sondern mit den Stärken der Kinder.

Auffällige Kinder

Selbsterfahrung der ErzieherIn statt Methodensuche

Verhaltensstörung - Verhaltensauffälligkeit: Dies sind sicher zwei zentrale Begriffe in der Pädagogik, sowohl in der wissenschaftlichen Betrachtung als auch in der praktischen Arbeit. Der Wunsch vieler Studenten aus Fachschulen für Sozialpädagogik und die Bitte einer großen Anzahl von ErzieherInnen, Vorschläge und Hilfestellungen für die Arbeit mit verhaltensgestörten bzw. verhaltensauffälligen Kindern zu bekommen, zeigt einerseits den ernsthaften Versuch, mit dem Problem von verhaltensauffälligen Kindern besser umgehen zu können, andererseits birgt er aber auch viel zu häufig die Frage in sich, „was bei dem Betreffenden, der verhaltensauffälliges Verhalten zeigt, genau zu tun ist" (Auf forderung an Wissenschaft, Forschung und Praxis, Rezepte zu entwickeln und weiterzugeben).

Leider gibt es in der Bundesrepublik Deutschland viel zu viele Bücher zum Themenbereich „Verhaltensstörungen/Verhaltensauffälligkeiten", die eine pädagogische Arbeit und Sichtweise beschreiben, durch die das Kind zum „Behandlungsobjekt" wird. Alle diese Veröffentlichungen haben meiner Meinung nach den großen Nachteil, dass sie ErzieherInnen nicht für das VERSTEHEN von auffälligem Verhalten zu sensibilisieren versuchen, um damit deutlich zu machen, dass es „Verhaltensstörungen an sich" nicht geben kann! Jedwede Theorie zu diesem Themenbereich darf nur zu einer praxisbegleitenden Richtungshilfe werden.

Ausgangspunkt der Arbeit mit jedem Kind ist der, dass das Kind seine Autonomie finden kann. Methodisch/didaktisches Arbeiten bedeutet dann vor allem für die ErzieherIn, Rahmenbedingungen für das Kind und mit ihm so zu gestalten, dass ihm diese Entwicklung möglich ist. Dort nun, wo strukturelle oder situative Grenzen diesen Prozess stören, geschieht es schnell, dass Kinder „andere" Verhaltensweisen entwickeln, als es die Rahmenbedingungen verlangen. Auf Grund von Wertungen dieser anderen Verhaltensweisen werden diese schnell als Verhaltensstörungen bezeichnet, ohne dass sich derjenige, der den Begriff benutzt, darüber klar ist, dass sie das Resultat eines Beurteilungsvorganges sind.

Kinderprobleme – Erzieherprobleme

Alle pädagogischen, psychologischen und berufspolitischorientierten Maßnahmen in der Arbeit mit Kindern haben nur dann ihre Berechtigung und ihren Sinn, wenn die ErzieherIn um ihre Verhaltensweisen weiß und sie sich ihrer Rolle und Funktion bewusst ist. Denn schließlich ist auch sie Quelle der Stabilisierung bzw. Veränderung von Verhaltensweisen bei Kindern. Damit hat die ErzieherIn immer eine verhaltenssteuernde Funktion.

Eine wesentliche Rolle in der pädagogischen Arbeit spielt die Beobachtung, wobei die ErzieherIn durch die rationale Planung des pädagogischen Vorgehens einerseits und ihr problemspezifisches bzw. situatives Verhalten andererseits Entscheidungen trifft, die den weiteren Verlauf der Arbeit bestimmen und damit auch die Entwicklungsmöglichkeiten des Kindes hemmen oder fördern.

Aus der Notwendigkeit von Beobachtungen ergeben sich Konsequenzen für das Arbeitsvorgehen, um aus bestimmten

Beobachtungen für sich und das Kind hilfreiche Vorgehensweisen zu entwickeln. Schon hier wird deutlich, dass der „beobachtete Sachverhalt" vonseiten der ErzieherIn möglichst objektiv aufgenommen werden muss, ohne z. B. nur ausgewählte, der ErzieherIn entgegenkommende Beobachtungen herauszufiltern. Antipathie zu bestimmten Kindern, ästhetische Prinzipien oder moralische Vorbehalte können sie ebenso daran hindern, relativ objektive Aussagen für sich zu finden, wie vorschnelle Rückschlüsse von einer beobachteten Verhaltensweise auf die vermutlich „dahinter stehende Eigenschaft" des Kindes zu ziehen.

Der Beobachter darf auch nicht seine eigenen problematischen Verhaltensweisen als Maßstab für die „Einschätzung" des Verhaltens eines Kindes wählen, sondern er muss sich bemühen, sein Problem zu erkennen und zu bearbeiten. Wenn bei ihm z. B. selbst eine Menge ungelöster Probleme im Vordergrund stehen, sieht er die Kinder in seinem Arbeitsfeld schnell durch seine entsprechend „gefärbte Brille". Ebenso ergeben sich oftmals Fehler aus der nicht zulässigen Übertragung von Beobachtungen aus einem Beobachtungsbereich in einen anderen. Außerdem werden bei der Beobachtung von bestimmten Verhaltensweisen der Kinder oftmals die Besonderheiten, die bei der ErzieherIn stark ausgeprägt sind, bei dem zu Beobachtenden unterschätzt und diejenigen, die bei der ErzieherIn fehlen, zum Teil erheblich überschätzt. Alle diese Fehlermöglichkeiten (und dies ist sicher nur eine kleine, unvollständige Auswahl) müssen genannt werden, um der ErzieherIn bewusst zu machen, dass das Wissen darüber und ihre Bearbeitung dazu beitragen, eine Beobachtungsaussage gerade im Bereich von auffälligen Verhaltensweisen bei Kindern möglichst objektiv zu machen. Denn die ErzieherIn bringt ihre eigenen sozialisationsbedingten Faktoren mit in die pädagogische Arbeit. In nicht wenigen Fällen ist sie es sicher, die einen Entwicklungsprozess nicht im Sinne des Kindes fördert, sondern hemmt.

Wenn ich von kindzentriertem Beobachten spreche, so ist dies auch nichts anderes als eine soziale Interaktion, eine durch Kommunikation vermittelte, wechselseitige Beeinflussung von Kind und ErzieherIn hinsichtlich ihres Handelns, Denkens und Fühlens. Beobachtung und Kommunikation ist eine Subjektbeziehung und sie bestimmt das Leben beider Aktionspartner mit. Beide haben sich ihre eigene, persönliche Wertstellung aufgebaut, die nicht so sehr durch direkte Beobachtung entstand, sondern in erster Linie von der Sozialisation her bestimmt ist. In der gesamten Arbeit kommunizieren wir nicht nur durch die Sprache, sondern auch durch Blickkontakt, Gestik, Mimik, Pantomimik und den Hautkontakt. Dabei verschlüsselt der eine Kommunikationspartner (nehmen wir einmal an, es ist die ErzieherIn) zum Beispiel seine Gefühle, Gedanken und Absichten in ganz bestimmte Zeichen (Gesten, Töne, Wörter), wobei die wahrgenommenen Signale nun vom Empfänger entschlüsselt werden müssen, damit er auch die Mitteilung versteht. Er (dies trifft natürlich auch für die ErzieherIn zu) kann es jedoch nur, wenn er über einen mit dem „Sender" gemeinsamen Zeichenvorrat und über gemeinsame Verknüpfungsregeln verfügt. Wie oben erwähnt, entwickelt sich der individuelle Code während der Erziehung aufgrund von Lernvorgängen, und deshalb kann es Schwierigkeiten wegen des nicht identischen Zeichenvorrats zwischen der ErzieherIn und dem Kind geben.

Ich glaube, dass sich gerade die ErzieherIn der Grundtatsache menschlichen Kommunikationsverhaltens bewusst sein muss, dass sie nicht nicht kommunizieren kann. Während der pädagogischen Arbeit sind weder das Kind noch die ErzieherIn in der Lage, nicht zu kommunizieren. Selbst wenn sie nicht miteinander sprechen oder sich voneinander abwenden, beinhaltet dies eine ganz bestimmte Information für den Kommunikationspartner. Beide interpretieren das Verhalten des anderen für sich und ordnen es in bestimmte Wahrnehmungsraster (Hinweis: „Alltagstheorien") ein.

Auch die Tatsache, dass jede Kommunikation einen Inhalts- und einen Beziehungsaspekt hat, wobei der Beziehungsaspekt dem Inhaltsaspekt übergeordnet ist und dessen Verständnis mitbestimmt, sollte die ErzieherIn dazu führen, sich ihrer Beziehung zum Kind deutlich zu werden. Denn in der Regel sind sich die Kommunizierenden der Beziehungsebene in ihrer Kommunikation kaum bewusst (häufig liegt hier ein Ausgangspunkt für Beziehungsstörungen und für die Entstehung/Festigung von auffälligem Verhalten eines Kommunikanten). So bestimmt die Beziehung zwischen der ErzieherIn und dem Kind auch eine für das Kind „erfolgreiche" Arbeit.

Wenn wir wissen, dass die Art einer Beziehung durch die Interpunktion der Kommunikationsabläufe seitens der Partner bedingt ist, so können sich Störungen im Beziehungsverhalten kreisförmig („Teufelskreis") entwickeln und ohne Ende fortsetzen. Jeder der beiden Kommunikationspartner in der pädagogischen Arbeit sieht nur jeweils das Verhalten des anderen und macht dies zum Ausgangspunkt seiner eigenen Handlungsweise. In diesem Fall interpretiert jeder Kommunikant sein Verhalten aus dem vorhergehenden Verhalten des anderen, und beide schaffen es nicht, ihr eigenes Verhalten als Voraussetzung für das Verhalten des anderen zu verstehen und zu begreifen. Damit werden schnell Wertungen aufgebaut und Stigmatisierungsprozesse beginnen (zu wirken!). In der pädagogischen Arbeit handelt es sich um eine komplementäre (durch Rangunterschiede ausgezeichnete) Situation. Die ErzieherIn hat aufgrund ihres Erfahrungsvorsprungs und ihrer Berufsrolle die Möglichkeit, Einfluss darauf zu nehmen, wann welche Kommunikationssituationen zustande kommen und wie sie im Einzelnen gestaltet werden können! Gerade diese Tatsache sollte sie aber daran hindern, Rangunterschiede herauszustellen und inhaltliche Richtungen festzulegen (Entfernung vom Kind; Fremdbestimmung). Kommunikationsstörungen können auch aufseiten der ErzieherIn – wie schon kurz angesprochen – dadurch initiiert werden, wenn sie nicht in der Lage ist, Gedanken, Absichten und Gefühle in deutliche, beobachtbare Verhaltensweisen umzusetzen. Sie kann aufgrund ihrer Sozialisationsgeschichte, fehlender Sachkompetenz oder Erfahrung nicht fähig sein, Informationen adäquat zu vermitteln. Gefühle und Bedürfnisse können es ihr unmöglich machen, sich mitzuteilen; soziale Normen kön-

nen sich störend auf die Kommunikation auswirken, und Diskre-
panzen zwischen verbalen und nonverbalen Signalen verunsichern
das Kind. Dadurch ist das Kind nicht in der Lage, die Rückmeldun-
gen des anderen „richtig" zu deuten.

Ist die ErzieherIn in der Rolle des Empfängers, so können auch
hier Wahrnehmungsprobleme auftreten. Nimmt sie Mitteilungen
nur selektiv auf, so ist ein kindzentriertes Beobachten und Arbeiten nicht möglich. Die wichtigsten quantitativen Wahrnehmungsstörungen sind dabei etwa Überempfindlichkeit bzw. eine vermin-
derte Empfindlichkeit hinsichtlich der Aufnahme vermittelter Reize
(z. B. bei Erschöpfungszuständen oder bei starken Erregungszu-
ständen). Qualitative Wahrnehmungsstörungen können entstellte
Wahrnehmungen sein oder Fehlerkennungen bzw. Fehldeutungen
realer Situationen bewirken.

Die ErzieherIn als Mittelpunkt von Veränderung

Sensitivität und Kreativität der ErzieherIn – eine Voraussetzung
für kindzentriertes Beobachten als Bedingung zum Verstehen von
auffälligem Verhalten.

Kreativität: Es ist nicht leicht, zu einer verbindlichen Definition von
Kreativität zu kommen. Es gibt kein einheitliches und stimmiges
Bild des kreativen Individuums. Dennoch wurden viele Versuche
unternommen, die kreative Persönlichkeit zu charakterisieren. Ich
möchte versuchen, als erstes Merkmal der Kreativität die Fähigkeit zu beschreiben, neue und ungewöhnliche Wege der Problemlösung zu gehen. Neu kann hier selbstverständlich nicht bedeuten,
neu für eine anonyme Allgemeinheit, sondern neu für das Individuum und das es umgebende soziale Umfeld. Eigenschaften einer
kreativen Persönlichkeit können dann vielleicht so aussehen:

- eine offene Haltung gegenüber dem Kind und seiner Umwelt;

- Verhaltensweisen zur Verfügung haben, differenziert auf
  Situationen zu reagieren;

- Kritikfähigkeit auszubauen und zu praktizieren;

- Energie in sich zu spüren und zu verwerten;

- Erfolgsmotiviertheit zu zeigen;

- Mut zu haben;

- Selbstständigkeit zu entwickeln und zu zeigen;

- die Fähigkeit entwickeln, sich von konventionellen, traditionellen Anschauungen zu lösen und neue dagegenzusetzen;

- Konflikttoleranz zu zeigen;

- Frustrationstoleranz zu entwickeln;

- Initiative einzubringen;

- Verantwortungsgefühl zu haben.

Kreativität ist also kein einheitlicher Komplex; sie besteht vielmehr aus einer Reihe von Verhaltensweisen, von der eine Person – je nachdem, wie kreativ sie ist – mehr oder wenig „viele" besitzt. Einige Kreativitätsforscher bringen die wichtigsten Verhaltensweisen eines Menschen auf folgende Begriffe:

Flexibilität: Dies ist die Fähigkeit, viele frühere Erfahrungen nicht nur im Gedächtnis gespeichert zu haben, sondern sie im Augenblick abrufen zu können, spontan aus den damaligen Erlebnissen umzusetzen und auf das aktuelle Problem zu übertragen.

Originalität. Hiermit sind Verhaltensweisen angesprochen, die sich dadurch auszeichnen, dass Probleme und allgemeine Gegebenheiten anders als üblich gesehen werden. Originalität bedeutet damit anderes Verhalten als gemeinhin erwartet zu praktizieren, um Situationen frei von Denkschemata und Konventionen neu zu gestalten.

Divergentes Denken: Dies ist im Gegensatz zum konvergenten Denken (die aufgenommenen Informationen führen beim Empfänger nur zu [s]einer einzigen richtigen und herkömmlichen Antwort) die Fähigkeit, in verschiedenen Richtungen zu denken, viele Möglichkeiten zu überlegen und nach verschiedenen Lösungswegen zu suchen.

Elaboration: Mit diesem Begriff werden Verhaltensweisen angesprochen, die notwendig sind, um ein Vorhaben präzise anzugehen. Das bedeutet, dass derjenige, der eine Lösung sucht, in sich geht und eine genaue Vorstellung in Einzelschritte zerlegt und damit zu exaktem Planen gelangt.

Sensitivität für Probleme: Durch die Offenheit den Kindern und der sozialen Umwelt gegenüber gelangt die ErzieherIn zu der Fähigkeit, Probleme überhaupt als solche zu erkennen und zu erleben. Damit erfasst sie Schwierigkeiten, die sie vorher nicht oder nur zum Teil gesehen hat.

Das Bündel von Fähigkeiten, das mit Kreativität bezeichnet wird, ist notwendig zur gedanklichen Bewältigung von Schwierigkeiten und Aufgaben des täglichen Lebens und damit auch zu erfolgreichem sozialem Handeln. Kreativität kann die ErzieherIn nicht nur in ihrer pädagogischen Arbeit nutzen, sondern in jeder Lebenssituation!

Auf die Arbeit im Kindergarten bezogen, könnte der kreative Prozess so aussehen: Die ErzieherIn arbeitet mit den vorhandenen Informationen über das Kind und investiert ihre früheren Erfahrungen, kombiniert sie mit den jetzigen Beobachtungen, überträgt sie zu neuen gedanklichen Inhalten und kommt so zu einer Problemlösung, die die Bedürfnisse des Kindes als auch der ErzieherIn berücksichtigen und befriedigen. Das setzt voraus, dass die ErzieherIn das Kind mit seinen Werten akzeptiert und ihm volles Vertrauen schenkt, gleich in welchem Zustand es sich zurzeit auch befindet. Gleichzeitig ist eine Atmosphäre wichtig, in die keine äußere Bewertung eindringt. Das kritische und bewertende Auge der ErzieherIn macht das Kind unsicher, treibt es in die Defensive und beschränkt damit auch seine Wahrnehmung.

Kreatives Verhalten bei der ErzieherIn wird sicher dadurch abgeblockt, wenn sie erfolgsorientiert arbeiten möchte und zum Beispiel nur das in die Arbeit einbringt, was ihr persönlich einen Erfolg garantiert. Wagt es die ErzieherIn nicht, sich von der Konformität hinsichtlich ihrer KollegInnen zu lösen, aus Angst vielleicht, anders zu sein als die anderen, verbaut sie sich damit selbst den Weg, sich selbst und ihre Umwelt und damit vor allem auch die Kinder neu zu entdecken. Öffnet sich die ErzieherIn ihren KollegInnen und den Kindern gegenüber nicht, so hindert sie das ganz erheblich an der Entwicklung ihrer Kreativität. Die Überbewertung von Vernunft und Logik, Angst vor Fehlern, Drang nach Perfektionismus oder Autoritätsgläubigkeit sind weitere Faktoren, die kreatives Arbeiten und damit kindzentriertes Beobachten verhindern. Wenn ich mich frage, wofür Kreativität wichtig ist, so muss ich sagen, dass ich mich dadurch entfalten, selbstverwirklichen, aktualisieren und bewusster leben kann – gerade im Hinblick auf die gesamte pädagogische Arbeit. Wenn ich mich weiterfrage, wodurch ich kreativ werden kann, so habe ich die Erfahrung gemacht, dass ich mich meinen Mitmenschen und der Umwelt gegenüber öffne und aufgeschlossen bin, mich mit ihr auseinandersetze und mich von ihr herausfordern lasse. Wenn ich als Pädagoge für mich vier Phasen kreativen Handelns gefunden habe, die „Problemstellung", „die Suchphase", „die Problemlösungsvorstellung" und die „Verwirklichung der Lösung selbst", so bedeutet für mich die pädagogische Arbeit mit Kindern, Jugendlichen und Erwachsenen Freude über meine Gedanken und Handlungen, Spüren eines echten Interesses und der Neugierde im Verhältnis zu Kindern, Jugendlichen und Erwachsenen. Außerdem fühle ich in mir die Motivation, persönliche Einstellungen, Prozesse und Verhältnisse bei mir zu ändern und Lust an der Interaktion mit vielen Menschen zu haben.

Sensitivität: Sensitivität kann vielleicht mit Begriffen wie Empfindsamkeit, Feinfühligkeit oder der Fähigkeit, Gefühlsreize aufzunehmen, beschrieben werden. Die Ausbildung der Sensitivität bedeutet aber vor allem die Vergrößerung der Fähigkeit Sinnesreize adäquat emotional aufzunehmen und innerlich zu spüren.

Gehen wir davon aus, dass zum Glücksempfinden des Menschen eine Erfüllung durch die Sinne gehört, so kann eine Verfeinerung der Sinneswahrnehmung die Fähigkeit, glücklich zu werden, steigern. Eine weitere Bedeutung der Sensitivität (neben ihrem Beitrag zum Glücksempfinden) liegt in ihrer Voraussetzung für erfolgreiche Interaktion und Intervention, gerade innerhalb der pädagogischen Arbeit mit Kindern. Das heißt, wenn wir als ErzieherInnen die mit uns arbeitenden Kinder verstehen wollen, müssen wir sensitiv für ihre Ausdrucksweise sein; wir müssen uns emotional in ihre Lage versetzen können. Somit ist Sensitivität gleichzeitig eine Verhaltensweise unseres sozialen Verhaltens.

Meiner Ansicht nach ist die Hauptquelle, aus der auch die psychischen Verhaltensschwierigkeiten der ErzieherIn resultieren, eine Erfahrungsunfähigkeit, zumal wir z. B. fast nur noch optisch und akustisch miteinander kommunizieren, unser Geschmacks- und Geruchssinn industriell deformiert wird und der Tastsinn, unser größtes Sinnesorgan, schon fast wieder etwas Unanständiges ist. Unsere Wahrnehmung wird ständig mit äußeren Reizen gefüttert, sodass etwa kaum noch eine Möglichkeit besteht, in uns reinzuhorchen oder die Kinder so wahrzunehmen, dass wir von kindzentriertem Beobachten sprechen können. Viele ErzieherInnen sind darauf ausgerichtet, Kindern insofern mit Misstrauen zu begegnen, weil sie sich fürchten, ausgenutzt oder nicht verstanden zu werden. Sensitivität aber löst in uns eine größere Wachheit der Sinne aus, eine tiefere Einsicht in unser Verhalten und das der Kinder, eine Erweiterung sinnlicher Wahrnehmung, eine Erhöhung des Ausmaßes an Selbstbestimmung in der Bewältigung unseres eigenen Lebens und der Steigerung der Fähigkeit, Ziele zu erreichen – nicht zuletzt im Umgang mit Kindern, die besondere Probleme haben.

Ausblick

Sensitivität und Kreativität der ErzieherIn – eine Voraussetzung für kindzentriertes Beobachten als Bedingung zum Verstehen von „auffälligem Verhalten" – sind Verhaltensweisen, die auf dem Lernprinzip beruhen, dass Lernen nicht nur auf verstandesmäßiger Einsicht (kognitive Ebene) geschieht, sondern vor allem durch gefühlsmäßiges Erleben (emotionale Ebene) und Handeln (motorische Ebene). Durch die beiden letztgenannten Ebenen können lernhemmende Mechanismen wie Verteidigungshaltung, Konkurrenzdenken, lähmende Apathie, Resignation und destruktive Aggressivität erkannt und überwunden werden. Ebenso können aber auch lernfördernde Faktoren wie Freude und Lust, Interesse an Lösungsmethoden für praktische Probleme, Neugierdeverhalten, Wunsch nach intensivem Kontakt, Kommunikation und gegenseitige Unterstützung aktiviert werden – dies alles unter der Voraussetzung, dass sich die ErzieherIn auf ein ständiges Erfahrungslernen einlässt. Sie selbst wäre damit der Ort, der Gegenstand und das Medium des Lernens.

Es ist wünschenswert, dass sich ErzieherInnen einer Einrichtung einigen könnten, gemeinsam in der Gruppe soziales Lernen geschehen zu lassen. Basis des sozialen Lernens ist die Selbsterfahrung, das Sich-selbst-Kennenlernen in Interaktionsprozessen, vor allem auch an den Reaktionen der MitarbeiterInnen. Durch das „Erfahrungmachen über sich selbst" werden eigene Kommunikations(un)fähigkeiten überprüft und Handlungs(un)fähigkeiten erlebt und können verändert werden. Und gerade das ist wichtig für den Umgang mit Kindern, die besondere Probleme haben. Damit steht in der Arbeit mit „verhaltensauffälligen Kindern" keine Technik im Vordergrund, sondern zunächst die intensive und dauerhafte Arbeit der ErzieherIn an sich selbst!

Berufspraxis
ErzieherIn

Das Selbstverständnis der ErzieherInnen

Das Anliegen dieses Beitrags ist es, Gedanken zum notwendigen Selbstverständnis von ErzieherInnen zu entwickeln, das sich im Interesse der eigenen Person und in Wertschätzung von Kindern durch Identität und Kompetenz auszeichnet.

Kaum eine Ausgabe der beachtenswerten Kindergarten-Fachzeitschriften beinhaltete in den letzten Jahren nicht das Thema der ungünstigen Rahmenbedingungen in Kindergärten. Dazu kommen Leserbriefe, in denen sich ErzieherInnen zu Recht über die Geringschätzung ihres Berufs beklagen oder Arbeitsforderungen aufstellen, die ein real-kindorientiertes Begleiten der Entwicklung von Kindern unterstützen und ermöglichen. Fachtagungen setzen sich lautstark, aber oftmals politisch ungehört mit den Notwendigkeiten einer veränderten Pädagogik auseinander, und die ErzieherInnen selbst beginnen immer häufiger, ihre eher ungünstigen Rahmenbedingungen vor Ort resignativ zu ertragen. Wissenschaftliche Untersuchungen zur „Situation im Berufsfeld Kindergarten" legen Realitäten der Arbeit offen, die Untersuchende den Kopf schütteln lassen und die Hochachtung vor den Fachfrauen in Kindergärten erweitern, in banger Sorge, wann die Schere einer berechtigt anspruchsvollen Pädagogik im Verhältnis zu den Bedingungen wohl endlich auseinanderbricht. Und mittendrin stehen die ErzieherInnen, die mit dem konfrontiert sind, was ist.

Nun gibt es – wie meistens im Leben – zwei Möglichkeiten: Zum einen könnte es sich anbieten, ins endlos lange Klagen einzustimmen und lediglich die Verantwortung „nach draußen" zu delegieren, mit dem verständlichen Vorteil, eine Gesamtschuld abzuwälzen, wobei eine große Mitschuld der Politik tatsächlich gegeben ist. Zum anderen kann sich aber auch der Gedanke anbieten, zunächst einmal „vor der eigenen Türe zu kehren" und eine kurze Bestandsaufnahme zu machen, ob es nicht auch Merkmale des eigenen Verhaltens sind, die bestimmte Bedingungen zulassen und sogar verfestigen.

Vielleicht gelingt es in diesem Beitrag, ErzieherInnen Anregungen zu geben, sich mit ihrer Person und ihrem Beruf so auseinanderzusetzen, dass sich eigene Vorstellungen und Erwartungen zur Berufsgestaltung weiter präzisieren, und dabei helfen, noch deutlicher nach innen und außen zu schauen, um Entscheidungen auf den Punkt zu bringen.

Öffentlich proklamierte und berechtigte Anforderungen

Zunächst einmal erscheint es hilfreich, sich mit den berufspolitisch und gesellschaftspolitischen Anforderungen an den Beruf einer ErzieherIn kurz zu beschäftigen. So heißt es im „Berufsbild der ErzieherIn", das vom Bundesverband Evang. Erzieher und Sozialpädagogen e.V. erstellt wurde: „Das pädagogische Handeln des Erziehers geschieht im Spannungsfeld vielfältiger, oft widersprüchlicher Erwartungen, die von Kindern, Eltern, Trägern und der Allgemeinheit an den Erzieher herangetragen werden. Der Erzieher versteht sich in erster Linie als Partner des Kindes (...) und Anwalt seiner Interessen. Er tritt insbesondere für die Erhaltung und Verbesserung der Lebensbedingungen von Kindern (...) aller Schichten, Nationen und Religionen ein. Von diesem Standpunkt aus muss er ständig neu die Berechtigung der Ansprüche prüfen, die an ihn gestellt werden. Er trifft die Entscheidungen für sein erzieherisches Handeln auf der Grundlage einer kritischen Auseinandersetzung sowohl mit den pädagogischen Traditionen als auch mit neuen wissenschaftlichen Erkenntnissen und bildungspolitischen Strömungen." (Anmerkung des Autors: Im Ursprungstext wird die männliche Form der Berufsbezeichnung genutzt. In der Überarbeitung ist stets von „Erzieherinnen und Erziehern" die Rede.)

Lassen wir uns diese Aussagen einmal auf der Zunge zergehen und reflektieren, was damit zunächst berechtigt, öffentlich legitimiert, berufspolitisch und kirchlich abgesichert, ausgedrückt ist im Hinblick auf ein notwendiges Selbstverständnis:

- Entwicklungsbegleitung von Kindern ist im allumfassenden Sinn ein pädagogisches Handeln, also nicht nur die Arbeit mit Kindern, sondern vielmehr eine fachkompetente Tätigkeit, die alle Bereiche berührt, die mit dem Beruf einer ErzieherIn zu tun haben: Elternarbeit und Öffentlichkeitsarbeit, Berufspolitik und Gesellschaftspolitik. Das Selbstverständnis von ErzieherInnen ist also auch darauf ausgerichtet, ein vernetztes Sehen der Gegebenheiten auszubauen.

- Entwicklungsbegleitung von Kindern vollzieht sich daher in diesem Sinne immer in sich widersprechenden Erwartungen: Widersprüche gehören damit zur Realität und Harmoniebestrebungen aus den Versuchen heraus, bestehende Widersprüche auszuräumen, entsprechen weder den geforderten Ansprüchen noch den realen Möglichkeiten. Das Selbstverständnis von ErzieherInnen verlangt damit, Widersprüche wahrzunehmen, aufzudecken und den beteiligten Parteien zu verdeutlichen. Fachkompetenz zeigt sich also nicht zuletzt in der Abgrenzung gegenüber Erwartungen, die im Sinne einer kindorientierten Arbeit unberechtigt, überzogen oder inhuman sind.

- Wenn nur dort eine Entwicklungsbegleitung von Kindern möglich ist, wo Entscheidungen für eine real-kindorientierte Arbeit in Abgrenzung zu unhaltbaren Anforderungen getroffen sind, erleben Kinder „ihre" EntwicklungsbegleiterInnen als BündnispartnerInnen! Das Selbstverständnis von ErzieherInnen gründet sich dabei auf den Wunsch, Kindern durch gelebte Werte zu offenbaren, dass Kinder und ErzieherInnen eine feste Gemeinschaft guter Solidarpartner sind. Ganz im Sinne einer Entscheidung, dass der Kindergarten ein Ort der Kinder und nicht der Erwachsenenmacht ist. Die Aufgabe, dass ErzieherInnen Anwälte der Interessen von Kindern zu sein haben, schafft Klarheit, sich offensiv für Kinder und ihre Entwicklung einzusetzen.

- Mit der Forderung, für die Erhaltung und Verbesserung der Lebensbedingungen von Kindern einzutreten, ist das Selbstverständnis der ErzieherInnen automatisch ganz darauf eingestellt, sich für die Rechte der Kinder einzusetzen und ihre Einhaltung anzumahnen – ohne schlechtes Gewissen, ohne Rechtfertigungsdruck und ohne den in der Praxis häufig zu beobachtenden „Eiertanz", es allen recht zu machen.

- Das Prüfen der gestellten Ansprüche ist Notwendigkeit und Aufgabe zugleich. Hier gilt es abzuwägen und deutlich Stellung zu beziehen, welche Ansprüche berechtigt und welche unberechtigt sind, um ganz aus einer professionellen Sicht von Anfang an mögliche Halbheiten abzuwehren, die immer dazu führen, mit sich selbst uneins zu sein. Dort also, wo Außenprobleme zu eigenen Problemen gemacht werden – bewusst oder unbewusst –, werden Problemauslöser verlagert und kaschiert mit der Folge, dass nun eigene Unzufriedenheiten wachsen.

- Entwicklungsbegleitung von Kindern (= erzieherisches Handeln) richtet sich immer (!) nach den aktuellen

Kindheitsdaten, nach dem, wie es Kindern real geht, dem, was Kinder für den Aufbau ihrer Sicherheit, Unabhängigkeit, Neugierde und Identität brauchen und dem, was aktuelle wissenschaftliche Ergebnisse aus der Elementarpädagogik zutage brachten. Nun muss es zu einer Abwägung mit der bisherigen Pädagogik und den bildungspolitischen Ansätzen kommen. Dabei darf es weder zu Vorurteilen noch zum Festhalten starrer Konzepte kommen. Ebenso wenig ist es verantwortbar, wenn neue Ansätze vorschnell, aus einer Begeisterung heraus, unreflektiert zum Beispiel deswegen übernommen werden, weil sie so einfach bzw. einleuchtend erscheinen oder weil sie „neu" sind.

Grenzen für Selbstverständnis und Kompetenz

ErzieherInnen erfahren häufig Grenzen, die sich aus den vielfältigen Erwartungen von Eltern, Trägern, Politikern, der Öffentlichkeit, ja teilweise auch von FachberaterInnen und eigenen MitarbeiterInnen ergeben. Bedauerlicherweise hat Prof. Helga Fischer recht, wenn sie in diesem Zusammenhang folgende These aufstellt: „Das berufliche Selbstverständnis von ErzieherInnen ist geprägt von einer überhöhten Bereitschaft, möglichst allen Verhaltenserwartungen, die an sie gerichtet werden, gerecht zu werden." Dieser Satz legt in präziser Weise eines der großen Dramen und Widersprüche in der Kindergartenpädagogik offen.

Bewusste Abgrenzung

Kompetenz im Sinne einer qualifizierten und fachorientierten Handlungsfähigkeit lebt aus der bewussten Abgrenzung gegenüber ungerechtfertigten und unqualifizierten Ansprüchen Dritter. Dort, wo sich ErzieherInnen bemühen, allem und allen gerecht zu werden, entwickelt sich die Elementarpädagogik zu einer „kunterbunten Gemüsesuppe", in der von allem etwas, von nichts richtig viel und von vielem nur Spurenelemente enthalten sind.

Denken wir allein an die unsägliche Ära der Vorschulpädagogik, die wie eine Schwemme das Land mit ihren nachprüfbaren „Erfolgen" überzogen hat. Damit wurde und wird bis heute der eigenständige Erziehungs-, Bildungs- und Betreuungsauftrag des Kindergartens aufgegeben und Fremdausrichtung/Fremdbestimmung breitet sich auf die Elementarpädagogik aus.

Denken wir weiter an die kritiklose Übernahme von sogenannten Arbeitsblättern, die endlich dafür sorgten, den Eltern zu demonstrieren, dass auch im Kindergarten gelernt wurde – mit der notwendigen Konsequenz, dass das weitaus wichtigere Spiel automatisch in der Wertschätzung an Bedeutung verlieren musste!

Denken wir an die vielen therapeutischen Methoden (Stichwort: Psychomotorik, sensorische Integration, logopädisches Training, Sprachentwicklungsförderung, Soziabilitätstraining, Wahrnehmungsdifferenzierungstraining ...), die in einer real-ganzheitlichen Elementarpädagogik nie zu einem Teilleistungsförderprogramm geworden wären, würde die Faszination des „gezielt-therapeutischen Arbeitens" nicht das Selbstverständnis von ErzieherInnen offensichtlich erhöhen. Und dies auf Kosten eines ganzheitlichen Lebens und Lernens mit Kindern, das es nicht nötig hat, durch Spezialisierung an einer Pseudo-Professionalisierung mitzuwirken mit der Folge, dass einfache, lebendige Projektarbeit mit Kindern in der Außeneinschätzung an Wert verliert.

Pädagogische Programme

Pädagogische Programme mit Kindern – zumal dann, wenn diese auf der Grundlage einer ideologisierten Erkenntnistheorie von Erwachsenen erstellt werden – tragen letztlich im Bewusstsein von ErzieherInnen dazu bei, verstärkt anzunehmen, dass nur pädagogische Programme ihre Berechtigung haben. Dies ist falsch. Richtig ist vielmehr, ein Selbstverständnis zu entwickeln, dass sich

ErzieherInnen davon befreien anzunehmen, sie müssten sich und ihre Arbeit ständig der Öffentlichkeit beweisen.

Offenlegung der Arbeit, schriftlich durch Eintragungen auf einem großen Plakat an der Gruppentür, was mit Kindern gemacht wurde, ist notwendig und hilfreich, Wochen- oder Monatspläne im Voraus zu schreiben trägt aktiv dazu bei, dass Erwartungen an Kinder in stetem Maße gestellt werden. Und dies trotz der Ergebnisse aus Kindheitsforschungen, dass das Problem fast jedes zweiten Kindergartenkindes das der Überforderung ist (Prof. Dr. Hurrelmann). Eltern, Träger, Öffentlichkeit und Politik, Pfarrer und Vorstände, Gemeinderäte und Kirchenvorstände haben ein Recht auf Information, was, warum und wie Themen in einer Projektarbeit realisiert wurden im Gegensatz zu einem Recht auf bestimmende Vorgaben. ErzieherInnen sind es doch, die mit ihrer Fachkompetenz versuchen, eine mit Kindern entwicklungsunterstützende Elementarpädagogik zu realisieren. Und auch hier trifft Prof. Helga Fischer den Nagel auf den Kopf: „Das berufliche Selbstbewusstsein der ErzieherInnen bleibt weit hinter der Bedeutung der tatsächlich geleisteten beziehungsweise zu leistenden Arbeit zurück!"

Mängel in der Ausbildung

Letztlich haben ErzieherInnen auch das an innovationsfeindlichen Fachschulen vorhandene „Drama einer verfehlten Ausbildung" auszubaden: Dort, wo FachschullehrerInnen kaum oder gar keine qualifizierte Fortbildung besuchen, wo Unterrichtsinhalte und Fachbücher aus „asbachuraltzeitigen Epochen" benutzt werden und aktuelle Fachliteratur unbekannt ist, wo theoriebeladene Inhalte nicht aus praxisbedeutsamen Situationen ihre Berechtigung ableiten und wo Fachschulen nicht als regelrechte Übungsfelder für ein demokratisches Mitbestimmen vonseiten der Studierenden genutzt werden können, wo Druck durch Machtausübung über Notenerwähnungen beziehungsweise -vergaben erfahren wird und interdisziplinärer Projektunterricht ein Fremdwort ist, dort wird es ErzieherInnen zusätzlich schwergemacht, an ihrem Selbstverständnis angstfrei, experimentierfreudig, offen und neugierig aktiv zu arbeiten.

Dennoch: Alle Gründe und Hintergründe sind kein Alibi dafür, Schuldverweise vorzunehmen und gleichzeitig die Begründungen zur Beibehaltung eigener Strukturen zu missbrauchen. So wie – um in einem Beispiel zu sprechen – nicht automatisch ein Einzelkind zum Egoisten wird, ein Kind sich nicht automatisch deswegen ungut entwickelt, weil es bei einem alleinerziehenden Vater oder einer alleinerziehenden Mutter aufwächst oder deswegen Störungen aufbauen wird, weil Mütter kurz nach der Geburt ihres Kindes wieder berufstätig werden, oder Kinder, die in einem Heim groß geworden sind, aufgrund ihrer Sozialbiografie kriminelle Dispositionen entwickeln. All dies würde zu Alltagstheorien führen, die die Einfachheit der „Weil-darum-Beziehung" begünstigen und davon entlasten, selbst etwas zu tun.

Reflexion der eigenen Verhaltensmuster

Und schließlich sind es immer noch die eigenen geschlechtsspezifischen und rollenorientierten Erfahrungen, die ErzieherInnen dazu führen, sich mit frauenspezifischen Zielen in der Praxis zu behaupten: Die Sorge um das Wohl der Kinder, die Regelung des Kindergartenablaufs und der Tagesgestaltung, die Schaffung einer angenehmen Atmosphäre und die Überbewertung der Aufsichtspflicht, das Verstehen und Akzeptieren der Kinder, ein in der Öffentlichkeit so aussehendes Zurückstellen eigener Bedürfnisse und ein öffentlicher Verzicht auf Selbstdarstellung. Hier verlangt die Selbstkompetenz eine tiefe Reflexion eigener Verhaltensmuster und -strukturen, um nicht die eigene Biografie an Kindern zu wiederholen.

Kindergartenpädagogik darf nicht so verstanden und gestaltet werden, dass sich ErzieherInnen als Ersatzmütter begreifen und diese Rolle (un)bewusst übernehmen. Damit hätte Professionalität ihre Berechtigung verloren, und der ErzieherInnenberuf würde zu einem Hilfsjob verkümmern – ganz im Sinne der Aus- und

Weiterbildungsträger, die beispielsweise immer noch vereinzelt Schmalspurausbildungen für kirchlich anerkannte GruppenerzieherInnen anbieten und damit einer professionellen Ausbildung und den staatlich anerkannten ErzieherInnen mehr als deutlich in den Rücken fallen. Es sei an dieser Stelle aber auch an die Diskussion über die so genannten „Schlecker-Frauen" erinnert. Professionalität zeichnet sich durch eine profunde Fachkompetenz aus. Diese zu beschneiden oder abzuwerten führt zum Bild der „Basteltanten", der „Berufstätigkeit aus Freude" und der öffentlichen Meinung, dass „Erziehen sowieso eine natürliche Gabe sei, für die eine Ausbildung überflüssig ist". Doch wer so denkt, zeigt überaus deutlich eigene Inkompetenzen auf.

Selbstverständnis und Kompetenz

Entwicklungsbegleitung von Kindern verlangt ganz präzise Kompetenzen, um aus dem eigenen Verstehen heraus und aus dem Fragen und Suchen nach Antworten eine persönlich-berufliche Klarheit zu leben. Dabei geht es nicht darum, sich bestimmter Ereignisse, Geschehnisse oder Situationen und deren Hintergründe bewusst zu sein, sondern das Bewusstsein in Handlungsstrategien weiterzuleiten. Entwicklungsbegleitende Arbeit mit Kindern und abgrenzungskompetentes Verhalten gegenüber unangebrachten Außenansprüchen wird dort gelingen, wo ErzieherInnen bewusst gewollt, neugierig und motiviert in Kontinuität und in entsprechender Qualitätstiefe an ihrer eigenen Identität arbeiten. Diese Arbeit hilft dabei, eigenen Verhaltensmustern, unverarbeiteten Kindheitstraumata, unreflektierten Werten und für beide Seiten entwicklungshemmenden Strukturen auf die Spur zu kommen, mit dem Ziel, immer wieder neu auf Möglichkeiten und veränderbare Grenzen in der eigenen Personalität zu stoßen.

Identität wird damit zum Ziel sehr sorgsam reflektierter Werte und ihrer Übereinstimmung mit dem eigenen Handeln. Das, was wir in der Arbeit mit Kindern erreichen wollen, müssen wir selbst zunächst wie in einem Spiegel für uns annehmen und ganz auf uns beziehen. Und gerade Identitätsentwicklung fängt mit der eigenen Kindheitsreflexion an (vgl.: W. Hugh Missildine: In dir lebt das Kind, das du warst. Stuttgart, 20. Aufl. 2012), um eigene Ohnmachten nicht in verkleidete und versteckte Machtansprüche sehr subtil auf Kinder zu übertragen. ErzieherInnen mit der Neugierde am Ausbau ihrer Identität und auf der Grundlage eines sich immer besser verstehen wollenden Selbstverständnisses haben die Möglichkeit, eine Beziehung zwischen der eigenen Biografie und dem Berufswunsch herzustellen (vgl.: Carmen R. Berry: Die Erlöserfalle. Lust und Frust der Helfertypen. München, 1993) und die Frage zu beantworten, warum vielleicht gerade die Arbeit mit Kindern eine Überlebensstrategie geworden ist (vgl .: Ursula Nuber: Die Egoismus-Falle. Frankfurt, 1999).

Auf der Grundlage eines kompetenten Berufsselbstverständnisses werden sich ErzieherInnen innerhalb und außerhalb des Kindergartens dadurch auszeichnen, dass sie

a. ganz im Sinne einer Selbstkompetenz motiviert sind,

- Anforderungen als Herausforderungen zu verstehen und sich ihnen zu stellen;

- Selbsterfahrung auf sich zu nehmen und auch schmerzhafte Erkenntnisprozesse durchzustehen;

- ihr eigenes Kindsein im Erwachsenenleben zu erkennen und annehmen zu lernen;

- sich durch neue Fachlichkeit herausgefordert zu fühlen;

- eigene Grenzen zu erkennen, zu spüren und zu erweitern,

- sich zu entscheiden und gegebenenfalls von „alten Zöpfen" deutlich zu trennen;,

- Freiheiten und Spielräume zu entdecken, statt Eingrenzungen zu beklagen;

b. ganz im Sinne einer Sachkompetenz

- ☐ aktiv an der kontinuierlichen Wissenserweiterung Interesse haben;

- ☐ reflektieren und Entscheidungen treffen;

- ☐ Neugierde und Interesse als die Grundlage fachlichen Wachsens begrüßen;

- ☐ motiviert sind, von und mit Kindern zu lernen;

- ☐ Sinnzusammenhänge zwischen scheinbar zusammenhanglosen Ereignissen erkennen;

- ☐ Klarheiten äußern und fachkundig vertreten (ohne überzeugen oder überreden zu wollen);

- ☐ sich fachkundig abgrenzen;

- ☐ ihre eigene Fachlichkeit schützen;

c. ganz im Sinne einer Sozialkompetenz

- ☐ Mut und Risiko als ein unverzichtbares Moment in der Kommunikation sehen;

- ☐ zuverlässig sind in getroffenen Entscheidungen, gerade als SolidarpartnerInnen von Kindern;

- ☐ Widersprüche offen benennen und auf den Punkt bringen;

- ☐ Konfrontationen eingehen, wo Widersprüche es verlangen, und dort Konflikte benennen, wo sich Stillstand breitmacht,

- ☐ mit ihrem Verhalten ein Modell an Glaubwürdigkeit demonstrieren.

Beispiele für ein identisches und kompetentes Selbstverständnis

ErzieherInnen, die aufgrund ihres Selbstverständnisses motiviert sind, „ihrem" Kindergarten ein deutliches Profil zu geben, suchen zum Beispiel fachkompetent nach Möglichkeiten,

- das eigene Rollenverständnis und das der Mitarbeiterinnen im Vergleich mit gesetzten Arbeitszielen in eine deutliche Übereinstimmung zu bringen,

- Fort- und Weiterbildungsansprüche durchzusetzen,

- alte Teamkonflikte („Szenen einer erfahrenen Ehe") aufzudecken und zu klären,

- eine aussagekräftige Einrichtungskonzeption gemeinsam zu erstellen,

- den Kindergarten in einen Ort lebendigen Lebens mit Kindern so zu erweitern, dass Kinderrechte zu neuen Wirklichkeiten werden,

- Arbeitsansätze sorgsam gegeneinander abzuwägen und eine Entscheidung zu treffen, welcher Ansatz im eigenen Kindergarten zur Realität werden kann oder soll,

- Ausbildungsschulen dazu zu bringen, sich mit der Praxis auseinanderzusetzen und Inhalte aufzunehmen, die für die Praxis bedeutsam sind,

- Öffentlichkeitsarbeit so zu gestalten, dass der Kindergarten nicht wie eine „almosenzufriedene" Einrichtung dasteht oder wie ein niedliches Anhängsel in der Gemeinde ausschaut, wo lediglich Zeitungsberichte von kleinen Scheckübergaben oder Kurzreportagen über Laternenfeste erscheinen. Stattdessen kann von alltäglichen Projekten oder Fachelternabenden, die offen für alle interessierten Gemeindemitglieder sind, ausführlich berichtet werden;

- ☐ Räume mit Kindern so zu gestalten, dass nicht die Mitarbeiterinnen an Produkten werken, die einfach schöner als die von Kindern aussehen;

- ☐ endlich die Eigenständigkeit des Kindergartens herauszustellen;

- ☐ dafür zu sorgen, dass Elternbildung wieder einen festen Standort im Kindergarten hat und Eltern erfahren, dass ErzieherInnen fachkompetente Gesprächspartner sind;

- ☐ Teamsitzungen regelmäßig und strukturiert durchzuführen (mit wechselnder Protokollführung und vorbereiteten Tagesordnungspunkten!;

- ☐ PraktikantInnen entsprechend eines individuellen Plans anzuleiten, zu beraten und aktuell zu fördern;

- ☐ dafür zu sorgen, dass Träger und Vorstände merken, dass fachliche Erörterungen mit ErzieherInnen klar, deutlich, gut vorbereitet und auch konfrontativ – ganz im Sinne einer lebendigen Demokratie – geführt werden;

- ☐ Qualität zu evaluieren und kontinuierlich zu verbessern.

Das sind umfangreiche Aufgaben, die aber in einer guten Zusammenarbeit im Laufe der Zeit bewältigt werden können. Eigenes Selbstverständnis und Kompetenz wachsen und entwickeln sich, wenn man diese Herausforderung annimmt.

Personale und fachliche Kompetenz von ErzieherInnen

Gedanken, Gründe und Hintergründe im Hinblick auf die berufliche Praxis im Kindergarten

In den vergangenen Jahren wurde – wenn auch immer noch zu wenig – verschiedentlich der Versuch unternommen, einerseits die geleistete Arbeit von ErzieherInnen zu analysieren, andererseits die Ausbildungsinhalte und -methoden der Ausbildungsstätten, also Fachschulen und -akademien, unter der Fragestellung zu beleuchten, inwieweit die vermittelten Inhalte Praxisrelevanz haben. Gleichzeitig nahm/nimmt die Kritik an geleisteter ErzieherInnenarbeit nicht ab – ob zu Unrecht oder Recht bestehend, mag einmal dahingestellt sein.

Sicher ist zunächst jedes Hinterfragen pädagogischer Arbeit gerechtfertigt, denn nur daraus sind mögliche Veränderungen abzuleiten. Denken wir nur an die Zeit der „Verabschiedung des funktionsorientierten Ansatzes" und der Proklamation des „situationsorientierten Ansatzes in der sozialpädagogischen Praxis". Nur aus der Kritik des „vorschulischen Arbeitens" und der

Auseinandersetzung mit neuen Zielen und neuen Inhalten war/ist es möglich, Innovationen in Gang zu bringen. Zur Beschreibung der aktuellen Situation von ErzieherInnen möchte ich gern folgende These (in Anlehnung an H. Fischer) so formulieren: Das berufliche Selbstverständnis von ErzieherInnen ist in erster Linie fremdbestimmt und geprägt von einer überhöhten Bereitschaft, möglichst allen Verhaltenserwartungen, die an sie gerichtet werden, gut und schnell zu entsprechen und ihnen in hohem Maße gerecht zu werden!

Beispiele aus Kindergärten, die nachdenklich stimmen

In einer norddeutschen Kleinstadt arbeiten fünf ErzieherInnen in einem Zwei-Gruppen-Kindergarten. Sie baten mich eines Tages, einen Elternabend zu dem Thema „Spielen und Lernen" zu gestalten. Ausgangspunkt für ihren Themenwunsch war ein Konflikt, in dem sich die ErzieherInnen befanden: Einerseits verlangten die Eltern der Kindergartenkinder mehr Vorschularbeit (Schulvorbereitung), andererseits konnten die ErzieherInnen den Eltern nicht deutlich machen, warum gerade Spielen das Hauptmerkmal elementarpädagogischer Arbeit ist. Dazu kam, dass der Gemeindepfarrer die ErzieherInnen sehr stark in ihrer Tätigkeit kontrollierte und von ihnen verlangte, dem Wunsch der Eltern zu entsprechen. Die Praxis ihrer Arbeit sah so aus, dass sie einerseits mit klassisch vorschulischem Arbeitsmaterial die Kinder beschäftigten, andererseits selbst sehr unzufrieden „mit sich und der Welt" waren. Wie ich dann in einem Gespräch mit ihnen erfahren habe, sind alle fünf ErzieherInnen wegen „psychosomatischer Beschwerden" in therapeutischer Betreuung. Es erscheint überflüssig zu erwähnen, dass ihre Tätigkeit durch diese Belastungen leiden muss.

◻ ErzieherInnen berichten auf einer Fortbildungs-
veranstaltung, wie schwer es ihnen fällt, ihre KollegInnen
davon zu überzeugen, dass ständige Fort- und Weiterbildung zur erzieherischen Arbeit dazugehört. So treffen
sie dabei auf Argumente wie zum Beispiel: „Ja, sicher
ist regelmäßige Fortbildung wichtig, nur kann ich es mir
zurzeit nicht erlauben, weil unsere Personalsituation es
nicht zulässt." Oder: „Ich glaube, dass sowohl die Eltern
als auch die Kinder von meiner Abwesenheit aufgrund
eines Fortbildungsbesuchs nicht begeistert wären. Also
kann ich mich doch nicht aus meiner Arbeit rauslösen."
Gleichzeitig bejahen die ErzieherInnen verbal (!) die Notwendigkeit von Fort- und Weiterbildung.

◻ Während des Freispiels beobachtet eine ErzieherIn, wie
der vierjährige Manfred eine kleine Stadt aus Holzbau-
steinen in mühevoller Arbeit erstellt. Ulrike, sechs Jahre
alt, kommt plötzlich angelaufen und stößt mit Absicht
viele der gebauten Häuser um. Eva, die ErzieherIn, stellt
Ulrike zur Rede und fordert Manfred auf, statt sich zu-
rückzuziehen und alles als gegeben hinzunehmen, mit
Ulrike zu reden, ihr die Meinung zu sagen, sich nicht alles
gefallen zu lassen und sich zu behaupten. Am Abend ist
Elterntreff. Dabei wird Eva von einem Vater heftig ange-
griffen. Er hält ihr vor, in ihrer Arbeit wenig kindzentriert
vorzugehen, wenig einfühlsam zu sein, zu dirigistisch zu
handeln und die Kinder mit ihrer Aktivität zu erdrücken.
Die ErzieherIn versucht, sich zu rechtfertigen, gibt aber
nach kurzer Zeit auf.

Warum diese Beispiele? Meines Erachtens verdeutlichen sie drei
Probleme, die in der Elementarpädagogik häufig zu beobachten sind:

a. ErzieherInnen versuchen, auch noch sich widersprechende
Erwartungen zu erfüllen; sie lassen sich eher fremdbestimmen als
selbst in die volle Verantwortung für etwas zu gehen;

b. ErzieherInnen äußern sich häufig engagiert und überzeugt von vielerlei Notwendigkeiten in der elementarpädagogischen Arbeit, wie zum Beispiel:

- Fort- und Weiterbildung ist notwendig;

- eine Konzeption für eine Einrichtung muss schriftlich vorliegen und jederzeit überarbeitet werden;

- Teamarbeit ist das A und O effektiver Arbeit;

- situationsorientiertes Arbeiten in der sozialpädagogischen Praxis ist der gültige und zurzeit überzeugende Ansatz in der Pädagogik, den es zu realisieren gilt;

- Elementarpädagogik sollte das Ziel haben, Kinder in ihrer Autonomie und Kompetenz zu stärken;

- kindliche Sexualität ist zu bejahen;

- Konflikte gehören zum Leben dazu, sie sollen erlebt und ausgetragen werden;

- Elternarbeit bedarf weitaus mehr als nur der Realisierung von Elternabenden;

- Verhaltensauffälligkeiten bei Kindern können nur dann verändert werden, wenn eigene Normen hinterfragt und Rahmenbedingungen nötigenfalls verändert werden;

- berufspolitische Arbeit ist wichtig;

- ErzieherInnen müssen sich und ihre Arbeit infrage stellen (können).

Trotz dieser geäußerten Notwendigkeiten (auf der verbalen Ebene) bleiben viele Postulate auf dem Weg ihrer Umsetzung stecken. So werden Begründungen und Rechtfertigungen angeführt, die verdeutlichen sollen, dass aus „diesen oder jenen Gründen" vieles eben nicht zu verändern beziehungsweise zu erreichen ist.

c. ErzieherInnen verlangen bestimmte Verhaltensweisen von den Kindern (siehe Beispiel: Unangenehmes nicht als gegeben anzusehen; die eigene Meinung zu vertreten; sich nicht alles gefallen zu lassen; sich zu behaupten), realisieren sie aber häufig selbst nicht oder nur ansatzweise.

Erzieherische Kompetenz und was sie bedeutet

Einerseits wissen wir, dass Eltern – und da stimmen Mütter und Väter überein – den Kindergarten (als Institution) positiv beurteilen, andererseits ist es für viele ErzieherInnen manches Mal schmerzlich, erfahren zu müssen, dass Eltern sie *in ihrer Kompetenz* (also personen- und/oder fachbezogen) nicht in dem Maße hochachten, wie sie es sich selbst wünschen. So drängt sich die Frage auf, warum diese Diskrepanz besteht. Es ist daher notwendig, sich einmal zu vergegenwärtigen, welche Faktoren dafür verantwortlich sind, dass ErzieherInnen zu ihrer Kompetenz finden. Stellen Sie sich vor, Sie würden Eckwerte benennen, die Sie zu dem werden ließen, der Sie sind. Dann ergibt sich folgende vereinfachte Grafik:

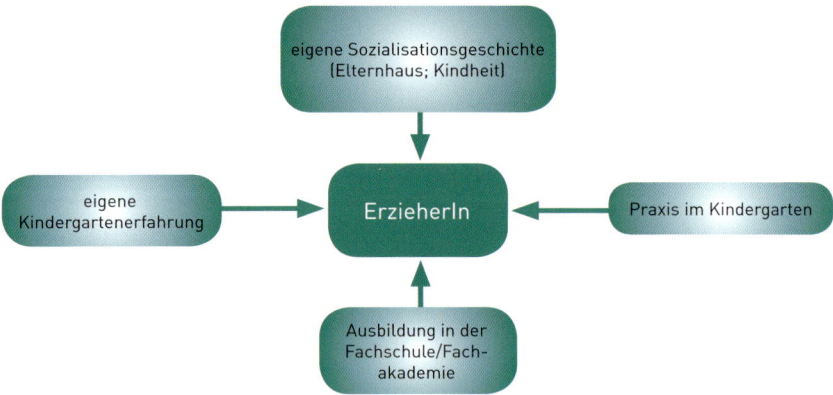

Welche Rückschlüsse lässt dieses Schaubild grundsätzlich zu, und welche Anmerkungen müssen dabei vorgenommen werden?

a. Unsere eigene Sozialisationsgeschichte ist geprägt durch die Erfahrungen, die wir mitbekommen und mitgestaltet haben. Lassen wir einmal familiensoziologische und gesellschaftspolitische Aspekte außer Acht und konzentrieren uns nur auf „kommunikative Fragen" unserer Sozialisationsgeschichte, dann sind es hauptsächlich folgende Strukturen, die Auswirkungen auf unser Leben haben:

- Erlebte Erziehungsziele, -stile, -methoden, -mittel; Schlagworte: überwiegend disziplinierende Erziehung? Auf Anpassung ausgerichtet? Emotionale Zurückhaltung der Eltern? Spannungszustände? Unsicherheit und Widersprüche in der Vorbildwirkung? Perfektionierte Verhaltenserwartungen? Overprotection? Zu hohe Ansprüche?

Die Aufzählung könnte unbegrenzt fortgeführt werden, ist aber nicht Gegenstand dieser Anmerkung. Vielmehr sollte nur kurz angerissen werden, dass unsere Sozialisationsgeschichte Grundlage unseres Denkens, Fühlens und Handelns ist.

b. Aufbauend auf die eigene Schulzeit folgt die berufliche Ausbildung in der Fachschule/-akademie für Sozialpädagogik bzw. an (Fach)Hochschulen/Universitäten mit Studiengängen zur frühkindlichen Pädagogik. Besonders in Fachschulen/-akademien werden (sollen) Kompetenzen vermittelt (werden), die nach den Lehrplänen zum Beispiel so benannt sind: ErzieherInnen sollen

- den Entwicklungsstand des einzelnen Kindes erfassen können und es adäquat fördern;

- Verhaltensauffälligkeiten und -störungen erkennen, Ursachen und Bedingungszusammenhänge finden und pädagogisch-psychologische Maßnahmen entwickeln und durchführen;

- pädagogische Situationen und gruppendynamische Prozesse beobachten, auswerten und für die situative Arbeit nutzen;

- Programme für einzelne Kinder, kleine und große Gruppen planen und durchführen;

- Konzepte erstellen, gemeinwesenorientierte Zusammenarbeit mit Eltern pflegen, Strukturen und Funktionen anderer sozialpädagogischer Einrichtungen kennen und mit Funktionsträgern kooperieren usw.

c. Es stellt sich die Frage, ob die persönlichen und fachlichen Anforderungen, die sich aus den oben genannten, beispielhaften Lernzielen ergeben, in der Schule und durch die Ausbildung wirklich „gelernt" werden können; denken wir dabei nur an folgende Aspekte:

- SchülerInnen von Fachschulen/-akademien sind teilweise noch sehr jung.

- Sie sollen Kompetenzen erwerben als „Diagnostiker", „Entwicklungsförderer", „Therapeuten", „Berater", „Systemanalytiker", „Programmentwickler" und „Elterntrainer".

d. Außerdem müssen sich Schule und Lehrer fragen lassen, inwieweit die Schule als ein „Übungsfeld" für die zu erwerbenden Kompetenzen verstanden und zur Verfügung gestellt wird:

- Gibt sie Raum und Zeit für die Bedingungen, die notwendig sind, um diese Kompetenzen zu lernen?

- Erhalten Auszubildende den dafür wichtigen Spiel- und Experimentierraum?

- Haben Auszubildende Raum für persönliche Mitwirkung und Mitgestaltung der Ausbildungsinhalte, Methoden, Lernbedingungen?

- Wird ein starker Bezug zwischen der Vermittlung von theoretischen und praktischen Ausbildungselementen hergestellt?

- Haben Auszubildende die Möglichkeit und Lehrkräfte die Fähigkeit, selbsterfahrungsorientiertes Lernen zu initiieren?

Ähnlich wie bei der Referendariatstätigkeit der LehrerInnen stöhnen viele ErzieherInnen über die Bedingungen, die sie dann in der Praxis vorfinden und mit dem Gelernten ihrer Ausbildung verknüpfen. Es wäre müßig, die verschlechterten Rahmenbedingungen in Kindergärten hier zu benennen – auf entsprechende Veröffentlichungen sei verwiesen.

e. Ausschlaggebend ist, dass ErzieherInnen nun in der Praxis in ein hohes Maß von Erwartungsanforderungen geraten:

- Anforderungen, die sie an sich selbst stellen;

- Anforderungen, die Kinder an sie und sie an die Kinder haben;

- Anforderungen, die Eltern an sie und sie an die Eltern haben;

- Anforderungen, die MitarbeiterInnen an sie und sie an die MitarbeiterInnen stellen;

- Anforderungen, die vom Träger an sie herangebracht werden und die sie an den Träger heranbringen.

Und über allem steht dabei häufig der Anspruch, den *situationsorientierten Ansatz in der sozialpädagogischen Arbeit mit Kindern* zu realisieren. Er nimmt die Lebenssituation der Kinder in ihrer Umwelt zum Ausgangspunkt für Lernprozesse und baut sein Konzept auf ein „Lernen in Lebenssituationen" auf. Kernpunkt dieses Ansatzes ist die Vorstellung, dass Kinder im Kindergarten lernen können, ein hohes Maß an Selbstbestimmung und Selbstverantwortung zu gewinnen, um eigene Bedürfnisse und Interessen wahrzunehmen und danach zu handeln. Solidarischer Umgang miteinander ist dabei ebenso ein Ziel wie eine aktive Gestaltung des Alltags in der Auseinandersetzung und Abstimmung mit anderen. Sehr verkürzt heißt das für die Praxis im Kindergarten:

- Mittelpunkt der Arbeit sind die Lebensbereiche und -situationen der Kinder, ihre Erlebnisse, Bedürfnisse, Erfahrungen.

- Soziales Lernen geschieht im Umgang mit ErzieherInnen, Kindern, Eltern, Freunden, Bekannten und fremden Menschen, zum Beispiel beim Berichten von Erlebnissen, Ansprechen von Bedürfnissen, Lösen von Konflikten,

Darstellen von Gefühlen, Nachfragen in uneindeutigen Situationen, Verändern von Situationen ...

- Generationsübergreifendes Lernen und das Leben in altersgemischten Gruppen bieten die Möglichkeit, unterschiedliche Bedürfnisse zu bemerken und zu äußern, andere Erfahrungen als in altersgleichem Umgang zu machen, unterschiedliche Erwartungen zu formulieren, Vorurteile abzubauen, Ängste und Unsicherheiten zuzulassen und zu bearbeiten.

- Dadurch, dass Lebensbereiche und -situationen Ausgangspunkt für die Arbeit sind, stellt sich die Forderung nach weitestgehender Öffnung des Kindergartens von selbst. So werden notwendige Erfahrungen nicht nur im Kindergarten gemacht, sondern auch außerhalb der Institution! Lebendiges Lernen passiert dort, wo die Möglichkeit des Mitbestimmens, Mitgestaltens und Handelns besteht. Diese ständige und enge Verbindung zwischen dem Kind und dem Gemeinwesen ermöglicht ihm, Fähigkeiten, Fertigkeiten und Kenntnisse vor Ort direkt zu erwerben, um autonom und kompetent zu agieren.

Ein kurzer historischer Rückblick auf die Geschichte des Kindergartenwesens zeigt uns Folgendes: Zu allen Zeiten hat die Struktur der Gesellschaft die Arbeitsweise der Kindergärten, ihre Ziele und Methoden beeinflusst, ja bestimmt. Nahezu immer wurden Kinder nicht aktiv mit ihrer Umwelt, ihren Lebensbedingungen und Situationen vertraut gemacht, um ihr persönliches, soziales, kulturelles und politisches Umfeld zu verstehen und in Beziehung zum eigenen Leben zu setzen. Aber gerade durch diese Verknüpfung (Begegnung) können Kinder für sich und andere Zusammenhänge erkennen und Solidarität entwickeln, sodass autonomes und kompetentes Handeln gelernt werden kann. Dies ist aber eine wesentliche Voraussetzung dafür, dass Kinder, aus denen später die Bürger des Staates werden, möglichst selbstbestimmt leben können.

Es ist auffällig, dass der situationsorientierte Ansatz in der sozial-pädagogischen Praxis mit Kindern nur von wenigen ErzieherInnen wirklich im Kindergarten realisiert wird. Die Frage nach dem Warum ist schnell beantwortet. Hier werden Kompetenzen für Kinder formuliert, die eindeutig bestimmte Kompetenzen von ErzieherInnen verlangen; ja, es muss die Frage gestellt werden, ob nicht gerade der oben genannte elementarpädagogische Arbeitsansatz Verhaltensweisen bei ErzieherInnen anspricht, die sie nicht gelernt haben, weil die eigene Sozialisationsgeschichte dem nicht entspricht, die Ausbildung in der Fachschule/ akademie diese Kompetenzen nicht vermittelt hat und die Praxis im Kindergarten wenig Raum und Zeit bietet, diese Kompetenzen auch für sich zu nutzen.

Daher lautet die zweite These: Erzieherische Kompetenz ergibt sich aus der bewussten Wahrnehmung von eigenen und fremden Lebensbereichen:

- der Befindlichkeit und den Interessen der Interaktionspartner;
- der eigenen emotionalen Befindlichkeit;
- des eigenen notwendigen Fach- und Methodenwissens;
- den institutionellen Anforderungen und Rahmenbedingungen;
- und dem gesellschaftlichen Kontext.

Vielleicht ist die nun folgende Aussage sehr gewagt, dennoch sollte sie nicht unter den Tisch fallen: Es ist zu vermuten, dass viele ErzieherInnen deshalb Schwierigkeiten im Umsetzen des situationsorientierten Ansatzes haben, weil er letztlich eigene Grenzen spüren lässt. Statt nun die Hintergründe (s. o.) zu analysieren und an bestimmten Punkten (zum Beispiel der Schul-/Hochschulausbildung) festzumachen, wird „fehlende Kompetenz" oft nur in der eigenen Person gesucht. Die Folgen sind Schuldgefühle, Versagensängste und Minderwertigkeitsgefühle. Diese Verhaltensweisen bestimmen dann die Einstellung (Haltung) zu sich, den Kindern und Eltern, MitarbeiterInnen und Funktionsträgern. Sicher hat diese eingegrenzte Sichtweise auch mit dem Rollenverständnis von ErzieherInnen zu tun.

Konsequenzen

Wenn in der Ausbildung (vor dem Hintergrund der eigenen Sozialisationsgeschichte) kaum eine Thematisierung in den Bereichen

- Umgang mit eigenen Ängsten und Grenzen und

- Umgang mit emotionalen, individuellen Reaktionen auf Erfahrung von der Begrenztheit eigenen Handelns

stattfindet und stattdessen in erster Linie kopflastige Reflexionskompetenzerweiterung betrieben wird sowie intellektuelle Analysen der Handlungs(un)fähigkeit an erster Stelle vorgenommen werden, dann setzt die Ausbildung nicht an den praktischen Problemen an. Ausgangspunkte sind vielmehr idealisierte Vorstellungen über die mögliche Praxis und die Ausbildung kognitiver Fähigkeiten. Die Realität wird von ErzieherInnen dann auf der Ebene wahrgenommen, dass

- viele Ziele so nicht erreichbar sind;

- sie an strukturelle und individuelle Grenzen stoßen;

- sie durch die Ausbildung hinsichtlich gelernter „Richtigkeitskriterien" kein eigenes Gefühl für Richtigkeit entwickeln konnten.

Erzieherische Kompetenz zeichnet sich durch die bewusste Wahrnehmung emotionaler, kognitiver, sozialer und gesellschaftlicher Bereiche aus; sie zeigt sich praktisch im Offensein für Situationen, Geschehnisse und Personen.

Aufgrund der vorgenommenen Gedanken und ihrer Ausführungen bleibt zum Schluss die Forderung, dass vor allem die Ausbildungsschulen ihre Lehrpläne überprüfen und in der Hinsicht verändern sollten, dass

- mehr selbsterfahrungsorientiertes Lernen stattfinden kann;

- intensivere Reflexionsarbeit der wirklichen Praxis vorgenommen wird;

- idealisierte Vorstellungen der Praxis aufgegeben werden;

- Hilfen für Auszubildende zum Umgang mit eigenen Grenzen angeboten werden;

- eine ganzheitliche, mehrdimensionale Sichtweise von Situationen gelehrt und deutlich gemacht wird;

- Handlungsfähigkeit schon während der Ausbildung erfahren werden kann;

- Auszubildende ein eigenes Gefühl für „Richtigkeit des Handelns" entwickeln können und

- Qualitätsverfahren zur Evaluation der Personen-, Prozess- und Ergebnisqualität kennengelernt und erprobt werden.

ErzieherInnen sind nun in ihrer Haltung angesprochen: Wenn die vorgenommenen Aussagen stimmen, würde es bedeuten, dass sie ihre Kompetenz aktiv erweitern (müssen), um

- den situationsorientierten Ansatz in der sozialpädagogischen Arbeit mit Kindern zu realisieren;

- das aufzuarbeiten, was einerseits durch ihre Sozialisationsgeschichte bezüglich kompetenten beruflichen Handelns hinderlich ist, andererseits in der Ausbildung und auch bei bisherigen Weiterbildungen unberücksichtigt blieb, aber für die Praxis notwendig ist;

- Versäumnisse der Ausbildungsstätten nicht zur persönlichen, individuellen Problematik werden zu lassen.

Meine dritte These lautet: Berufliches Selbstbewusstsein und persönliches Selbstwertgefühl von ErzieherInnen bleiben durch Ausbildungsdefizite und fehlende Selbsterfahrung weit hinter der Bedeutung der geleisteten/zu leistenden Arbeit zurück.

ErzieherInnen als TrägerInnen von Veränderungen in der praktischen Arbeit

Eine kritische Bestandsaufnahme und notwendige Konsequenzen

Wer sich einmal kritisch und sachbezogen in Kindergärten, Tagesstätten und Horten umschaut, um eine Bestandsaufnahme der geleisteten Arbeit vorzunehmen, der wird vor allem durch drei Auffälligkeiten der Realität angesprochen:

1. Es muss festgehalten werden, dass immer mehr ErzieherInnen mit immer jüngerem Alter in einer immer kürzeren Zeit aus ihrem Beruf aussteigen, weil sie nicht mehr bereit sind beziehungsweise die Kraft spüren, die wachsenden Anforderungen in der Praxis zu erfüllen.

2. Auf der Grundlage der Daten zum Thema „Kindheit heute" muss festgestellt werden, dass besondere Schwierigkeiten, die Kinder aufgrund ihrer Lebenssituation entwickelt haben/entwickeln mussten, mit konstanter

Gleichmäßigkeit steigen. Als Beispiele seien an dieser Stelle nur die Sprachauffälligkeiten und die Zunahme von Angst bei Kindern genannt.

3. Anhand eines Vergleichs der Rahmenbedingungen elementarpädagogischer Einrichtungen in den verschiedenen Bundesländern wird deutlich, dass die Eckwerte, unter denen die Arbeit mit Kindern geschieht, nicht besser werden, sondern bei gleichen kindermissachtenden Bedingungen die täglichen Belastungen für ErzieherInnen und Kinder zunehmen.

Dabei können nun die drei genannten Faktoren nicht isoliert voneinander betrachtet werden, sondern müssen in ihrer Verzahnung miteinander als eine Einheit verstanden werden.

Aktuelle Situation

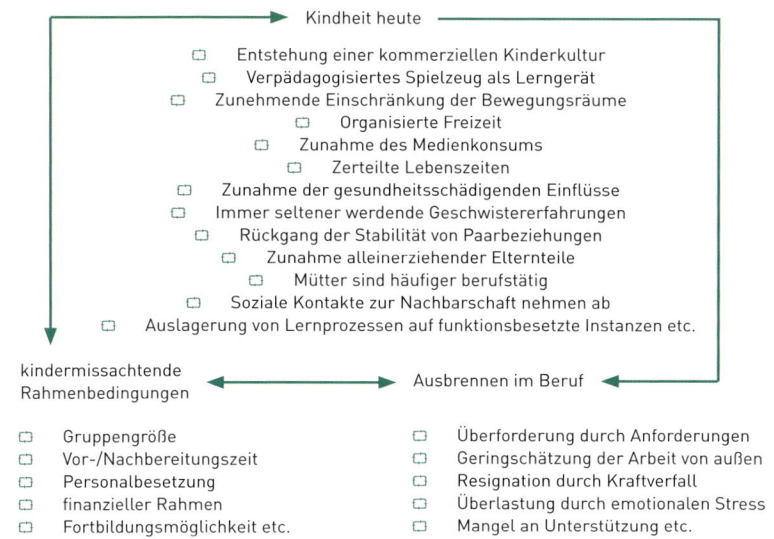

Aufgrund dieser Verzahnung ist es nicht möglich, einzelnen Bedingungen die Schuld an der Misere von Personen oder Geschehnissen zu geben. Gleichwohl ist es notwendig, sich in besonderem Maße den Personen zuzuwenden, die in der Elementarpädagogik die besonderen Bedingungen aushalten/akzeptieren/mittragen oder in eigenem Interesse und dem von Kindern und Eltern andere Bedingungen anmahnen, zumal die Anforderungen an ErzieherInnen, Kinder und Eltern immer größer und anspruchsvoller werden. Sei es, wie es zurzeit ist: ErzieherInnen sind und waren das entscheidende Medium für die Veränderung oder Stabilisierung aktueller Gegebenheiten.

Theorie und Praxis des Erziehungs- und Bildungsauftrags der Elementarpädagogik

Es besteht heute in allen Bundesländern kein Zweifel daran, dass der Erziehungs-, Bildungs- und Betreuungsauftrag des Kindergartens zum Beispiel darin liegt, Kindern dabei zu helfen, Lebenssituationen zu begreifen und Geschehnisse zu verstehen, um Selbstbestimmung zu entwickeln und Handlungskompetenzen aufzubauen, damit Lebensanforderungen selbst- und sozialverantwortlich sowie aktiv bewältigt werden können. Das bedeutet allerdings nicht, dass der Kindergarten primär auf die Zukunft vorbereitet, sondern Kindern in der Gegenwart die Möglichkeit bietet, diese Fähigkeiten auch zu entwickeln. Der Erziehungs-, Bildungs- und Betreuungsauftrag des Kindergartens ist damit auf die Erweiterung von Handlungsfähigkeiten ausgerichtet und nicht auf

- die Vorbereitung für die Schule;

- die isolierte Förderung von Teilleistungsfähigkeiten;

- die Erfüllung von Elternerwartungen;

- die Anpassung an die Gegenwart;

- die Akzeptanz von Angeboten im Kindergarten;

- die Duldung von erlebten Unzulässigkeiten;

- die Bejahung einschränkender Bedingungen.

Vergegenwärtigen wir uns also auf der einen Seite den Erziehungs-, Bildungs- und Betreuungsauftrag des Kindergartens und vergleichen wir ihn andererseits mit der Umsetzung in die Realität der Institution, in der Kinder einen großen Teil ihres Lebens verbringen (müssen), dann stellt sich die Frage, inwieweit Theorie und Praxis sehr häufig so weit auseinanderklaffen, weil geäußerte Ziele nicht mit dem Verhalten von ErzieherInnen deckungsgleich sind. Die Antwort ist schnell gefunden: ErzieherInnen zeigen Verhaltensweisen aufgrund ihrer Lebensbiografie, die nicht selten voller Probleme ist. Dieser Umstand an sich wäre nicht weiter problematisch, wenn an der Lebensbiografie gearbeitet werden würde, um eigenen Krisen und besonders prägenden Lebenseinflüssen auf die Spur zu kommen. Dies ist von besonderer Bedeutung und Wichtigkeit für die Arbeit im Umgang mit sich und Kindern, Eltern und KollegInnen, wenn Ziele für die Arbeit im Feld der Elementarpädagogik auch ihre reale Umsetzung finden können.

Wer bei Kindern

- Freiheit im Umgang mit Gefühlen;
- Wahrnehmungsoffenheit für das Wesentliche;
- Stärkung des Selbstwertgefühls;
- Verbesserung des Erkennens bedeutsamer Ereignisse;
- Erhöhung der Aufmerksamkeit;
- Verbesserung der Konzentration;
- Klarheit des Sprechens und der Sprache;
- Stärkung der Kritikfähigkeit;
- Selbst- und Fremdkritik;
- Bereitschaft zur Auseinandersetzung;
- Verständnis im Umgang mit sich und anderen;
- Erweiterung der Selbstbestimmung

aufbauen, unterstützen und fördern möchte, kann diese Ziele erst dadurch erreichen, wenn er/sie selbst damit beginnt, die für andere Menschen formulierten Ziele auf sich zu übertragen. Nur so ist gewährleistet, dass der Erziehungs-, Bildungs- und Betreuungsauftrag für die Arbeit mit Kindern auch wirklich erreicht werden kann/wird.

Verzahnung von fremden mit eigenen Zielen

- Für Kinder formulierte Ziele sind für sich selbst formulierte Ziele.

- Erreichte Ziele für sich selbst sind die Grundlage für Ziele von Kindern.

Solange Ziele, die für andere formuliert sind, nicht eine besondere Bedeutung für die eigene Person bekommen, so lange bleiben viele Ziele nur theoriebesetzte Absichtserklärungen. Ab dem Zeitpunkt aber, wo klar formulierte Ziele die Chance erhalten, dass sie auf die eigene Person übertragen werden, ab dem Zeitpunkt wird Theorie zur Praxis. In dem Maße, in dem dies geschieht, werden ErzieherInnen auch dazu beitragen, dass Elementarpädagogik von innen nach außen aufgewertet wird. Eine Notwendigkeit, die dringend angezeigt ist.

ErzieherInnen im Berufsalltag

MitarbeiterInnen im Feld der Elementarpädagogik sind eingeflochten in eine Vielzahl von Erwartungen, die an sie gestellt werden: Erwartungen von Eltern und vom Träger, von Kindern und KollegInnen, von anderen sozialpädagogischen Einrichtungen (Schule) und pädagogisch-therapeutischen Fachdiensten (Sprachheilambulatorien, Beratungsstellen, förderdiagnostischen Hilfsdiensten), von Nachbarkindergärten und Fachberatungen sowie von den Erwartungen, die sich aus den eigenen Vorstellungen an die eigene Person richten. Schauen wir uns diese Erwartungen einmal näher an:

- Eltern erwarten, dass Kinder im Kindergarten eine aktive Unterstützung in ihrer Entwicklung erfahren, jeweils ausgerichtet auf die Bewältigung gegenwartsorientierter Geschehnisse und künftiger Anforderungen. Werden elterliche Erwartungen erfüllt – unabhängig davon, ob ErzieherInnen hinter diesen Anforderungen stehen oder nicht –, so gilt der Kindergarten als „gut". Die Eltern sind zufrieden, der Träger hört keine Klagen, und ErzieherInnen werden anerkannt. So einfach diese Formel erscheint, so problematisch ist sie, denn schließlich geschieht an dieser Stelle ein Schulterschluss zwischen „erfüllten Erwartungen und einer anscheinenden Qualität".

- Die Öffentlichkeit – Trägerverbände, Kultus- und Sozialbürokratie – erwarten von ErzieherInnen, dass sie ihre Arbeit so gestalten, dass „alles funktioniert". Auf Veränderung ausgerichtete ErzieherInnen, auf Verbesserung der Rahmenbedingungen formulierte Forderungen und in der Öffentlichkeit demonstrierende ErzieherInnen sind nicht gern gesehen, stellen sie doch ein Bild vor, das „ungewohnt und einer ErzieherIn nicht würdig ist" (Aussage eines Trägerverbandes während einer Podiumsdiskussion). Hier wird überaus deutlich, wie Erwartungen zu formulieren sind: ErzieherInnen haben für Kinder da zu sein, mit ihnen zu spielen, sie auf die Schule gut vorzubereiten und ansonsten in der Versenkung zu verschwinden. Nicht zufällig wird noch immer von „Kindergärtnerinnen und Spieltanten" gesprochen. Wer dies nicht glauben mag, sollte seine Ohren einmal auf vielen unterschiedlichen Ebenen öffnen und die Wahrheiten anderer zum Berufsbild und zur Tätigkeit genau in Erfahrung bringen. Und wäre dem – trotz vieler Belege – nicht so, dann würde die Tätigkeit in weitaus höherem Maße Anerkennung finden, sich in der Bezahlung ausdrücken und in einem stufenweisen Aufstiegssystem zeigen. All dies ist aber nicht Realität. Insofern stimmt also die These, dass Erwartungen auf ein „Funktionieren" allumfassend begrenzt sind.

- ☐ FachberaterInnen und Fortbildungseinrichtungen erwarten, dass vermittelte Erkenntnisse und neu erworbene Fertigkeiten möglichst schnell und unmittelbar den Kindern zugutekommen, manchmal in Unkenntnis oder bewusster Ausblendung realer Rahmenbedingungen. Sie erwarten, dass eine Pädagogik umgesetzt wird, die nach den neuesten wissenschaftlich abgesicherten Erkenntnissen nun zur veränderten Praxis führt. Ausgangspunkt ist das Kind, angeknüpft an die familiäre Situation und die besonderen Sozialisationsbedingungen, verknüpft mit dem situationsorientierten Ansatz und umgesetzt unter Beachtung aller individuellen Unterschiede der Kinder, die alle gleichzeitig ihre besonderen Wünsche und Bedürfnisse haben: So sind Erwartungen – offen oder verdeckt – an ErzieherInnen gestellt.

- ☐ KollegInnen und Eltern erwarten von ErzieherInnen Kommunikationsoffenheit, Partnerschaft im Umgang miteinander und Teamfähigkeit bei anstehenden Entscheidungen und zu lösenden Konflikten, Fantasie beim Finden neuer Ideen und Kreativität im Umsetzen neuer Gedanken. Berechtigterweise stellt sich hier die Frage: Welche ErzieherIn Kommunikationsoffenheit, Partnerschaft, Teamfähigkeit, Fantasie und Kreativität wo und wann gelernt hat? Ausbildungsschulen unterstehen aufgrund ihrer Curricula und Schulordnungen einem Leistungs- und Konkurrenzsystem, das sich in den Ausbildungsklassen zeigt. Es geht um Noten, Versetzung, Anpassung und einen guten Abschluss, der in vielen Fällen dafür Voraussetzung ist, eine Stelle als ErzieherIn zu finden. Dasselbe Dilemma schlägt sich aber auch in vielen sogenannten „persönlichkeitsorientierten" Fortbildungsveranstaltungen nieder. Sei es, dass einerseits Zusatzausbildungen mit Abschlussprüfungen (Kolloquien) angeboten und besucht werden, in denen TrainerInnen/TeamleiterInnen/DozentInnen rigide Persönlichkeitsstrukturen aufweisen und Gegenreden/Kritik nicht zulassen beziehungsweise TeilnehmerInnen bei folgenden Prüfungen benachteiligen, sei es, dass auch und gerade Fortbildungsveranstaltungen, an denen (fast) nur Frauen teilnehmen, Konkurrenz und Eifersucht fördern, weil Gruppen zu groß sind, Kontinuität in der Vertrauensbildung fehlt oder bedeutsame Probleme nicht bearbeitet werden.

- ☐ PraktikantInnen erwarten von ErzieherInnen, die sie als AnleiterIn erhalten, die Vermittlung von Fachkompetenz, Unterstützung bei auftauchenden Problemen, Anleitung in besonderen Fragen und Hilfestellung bei zu findenden Antworten. Und all das neben der Grundsätzlichkeit, dass die AnleiterIn jederzeit für sie da ist.

- ☐ Kinder erwarten von „ihren ErzieherInnen" – zu Recht – Solidarität, wenn es um die Schlichtung von Streit geht, Hilfe bei der Lösung von plötzlich auftauchenden Schwierigkeiten, Unterstützung beim Umsetzen schwerer Vorhaben, Geduld und Zeit im Umgang miteinander, ein offenes Ohr für alle Probleme, Verständnis für schiefgegangene Unternehmungen und Interesse für sie als Person. Stunde für Stunde, Tag für Tag, Woche für Woche, Monat für Monat, Jahr für Jahr.

Sicherlich gibt es noch weitaus mehr Erwartungen, die an ErzieherInnen gestellt sind und denen sich ErzieherInnen jederzeit aussetzen. Um das Problem, um das es geht, deutlich anzureißen, genügen aber die oben genannten Erwartungsbeispiele. Was zunächst auffällt, ist die Tatsache, dass

- ☐ die Erwartungen an sich teilweise überhöht sind;

- ☐ die Erwartungen in sich teilweise widersprüchlich sind und

- die Erwartungen durchweg zu einem Erwartungsdruck führen (können).

Die einen wollen kritische ErzieherInnen, die anderen unkritische MitläuferInnen. Die einen wollen politische ErzieherInnen, die anderen unpolitische Ja-SagerInnen. Die einen wollen weltanschaulich gebundene, die anderen weltanschaulich ungebundene ErzieherInnen. Die einen wollen wachsame ErzieherInnen, die anderen duldende ZustimmerInnen. Die einen wollen geschlechtslose Wesen, die anderen ganzheitliche Persönlichkeiten. Die einen wollen ErzieherInnen mit klaren Standpunkten, die anderen wollen standpunktunklare ErfüllungsgehilfInnen ihrer Erwartungen. Die einen wollen persönliche Meinungen von ErzieherInnen hören, die anderen wollen unpersönliche, rein sachlich und offen gehaltene Stellungnahmen. Das bedeutet: *Weil Erwartungen unterschiedlich sind und sein werden, widersprüchlichen Charakter in sich tragen und zum Widerspruch anregen, geht es zunächst um die Auseinandersetzung mit Erwartungen, anstatt sie teilweise unreflektiert und „traditionell" zu übernehmen!*

Identität und Professionalität

Wenn davon ausgegangen werden muss, dass ErzieherInnen durch eigene Verhaltensweisen, ihre persönlichen Belastungen und Entlastungsmöglichkeiten, eigene Arbeitsvorlieben und -abneigungen, weite oder enge Verhaltensmuster und sozialisationsbedingte Werte und Normenwelten jederzeit – ob gewollt oder ungewollt – in den Entwicklungsprozess der Gruppe und in die Entwicklungsmöglichkeiten von Kindern eingreifen – zum Vorteil wie zum Nachteil –, dann wird deutlich, dass persönliche Merkmale eine entscheidende Auswirkung auf Kinder und Arbeit haben. ErzieherInnen sind damit gleichsam

- Entwicklungsförderer oder Entwicklungshemmer;

- Entwicklungsunterstützer oder Entwicklungsbremser;

- Entwicklungsbegleiter oder Entwicklungsstörer;

- Entwicklungspfleger oder Entwicklungsunterbinder.

Das mag sich hart anhören, ist aber so. Erzieherische Arbeit kann *nur dort* gelingen, wo ErzieherInnen *konstant* und *intensiv, motiviert* und *selbstbestimmt* an ihrer eigenen *Identität* arbeiten. Dabei muss es gelingen, eigenen Mustern auf die Schliche zu kommen und störende Verhaltensweisen zu verändern, um Kindern, Eltern, KollegInnen und sich selbst wirklich *identisch* zu begegnen:

- unverwechselbar in großer Klarheit;

- eindeutig in den Aussagen;

- zuverlässig in gelebten Werten;

- klar in eigenen Entscheidungen;

- reflektiert bezüglich des eigenen Tuns;

- kompetent in aktuellen Sachfragen;

- aktiv in der Veränderung von Unzulänglichkeiten;

- motiviert in der ständigen Arbeit an sich selbst.

Vielfach wird ErzieherInnen – übrigens zu Recht – vorgehalten, sie würden zu wenig an einer eigenen *Professionalität* arbeiten. Der Umstand selbst verwundert nicht, sind doch die Bereiche *Professionalität und Identität* eng miteinander verbunden. Die Gestaltung der Arbeit auf der Ebene von Professionalität ist natürlich ganz persönlichen Eckwerten und Bedingungen verhaftet und persönliche Unzulänglichkeiten und Grenzen geben auch die Grenzen und Unzulänglichkeiten der zu leistenden Arbeit vor. Anders ausgedrückt bedeutet das: *Identitätsgrenzen sind gleichzeitig Professionalitätsgrenzen* und dort, wo ErzieherInnen an ihrer Identität arbeiten, erweitert sich auch die Professionalität. Anders ausgedrückt beinhaltet der Satz aber auch, dass ErzieherInnen, die eigene Identitätsgrenzen als solche belassen – bewusst oder unbewusst –, aktiv dazu beitragen, dass Professionalitätsgrenzen konstant aufrechterhalten bleiben und sich die Praxis nicht verändern kann. Zum Unwohl der eigenen Person, der Kinder, Eltern und KollegInnen. Und weiterhin kann die These aufgestellt werden, dass ungünstige Rahmenbedingungen durchaus den Zuwachs an Professionalität behindern können und eine Identitätsentwicklung in Grenzen halten. Dies darf allerdings in keinem Fall zu einem Alibi benutzt werden, um so zu bleiben, wie man/frau ist.

ErzieherInnen, die an ihrer eigenen Identitätsentwicklung arbeiten – im Nachholen der Entwicklungsmöglichkeiten, die durch eigene sozialisationsbedingte und familienspezifische Besonderheiten ihre ungünstigen Spuren hinterlassen haben –, entdecken dann auch immer mehr die Notwendigkeit, Kindern und Eltern bei ihrer Identitätsentwicklung zu helfen. Damit ist gewährleistet, dass Kinder weder überfordert noch auf unangemessene Ziele „hin erzogen" werden und Eltern in ErzieherInnen Personen entdecken, die gemeinsam mit ihnen ihr Interesse für Kinder neu und anders entdecken. *Die eigene Identitätsentwicklung fördert die eigene Professionalität. Beides vereint hat zur Folge, dass Kindern und Eltern erst begegnet werden kann. Nun – und erst jetzt – geschieht Identitätsentwicklung bei anderen!*

Konsequenzen

Aufbau und Erweiterung, Stabilisierung und Ergänzung der eigenen Identität sind eine Notwendigkeit, um eigene Kompetenzen aufzubauen und zu nutzen. Damit liegt die Aufgabenstellung klar auf der Hand: Selbsterkenntnis ist der Weg, eigenen Schwächen und Stärken auf die Spur zu kommen. *Erkenne dich selbst, bevor du Kinder zu erkennen trachtest. (Wolfgang Liegele)*

Ein besonders gut verständliches und nachvollziehbares Modell, das eine Fülle an Möglichkeiten zum Erkennen eigener Verhaltensweisen bietet, haben die beiden Forscher Joe Luft und Harry Ingham entwickelt. Dazu entwarfen sie ein Bild, das einem Fenster ähnlich ist, mit vier unterschiedlichen Feldern. Beide Forscher meinen, dass jede Person vier Verhaltensarten lebt; allerdings in einer jeweils unterschiedlich starken Ausprägung:

Das Johari-Fenster

	Mir selbst bekannt	Mir selbst unbekannt
Den anderen bekannt	*Feld 1: Öffentliche Person* Zum Beispiel: Aktivitäten, Interessen, Einstellungen	*Feld 2: Blinder Fleck* Gewohnheiten, Vorurteile, Wertvorstellungen
Den anderen unbekannt	*Feld 3: Private Person* Zum Beispiel: Ängste, Abneigungen, geheime Wünsche	*Feld 4: Verschlossener Bereich* Unbewusste, auch für andere nicht erkennbare Verhaltensmuster/Beziehungsfallen

Schauen wir uns dieses einsichtige Modell einmal näher an, dann ergeben sich die vier Felder wie folgt: Es gibt ein Bündel an Verhaltensweisen,

- die mir selbst und den anderen bekannt sind (Feld 1);

- die mir selbst unbekannt, den anderen aber bekannt sind (Feld 2);

- die mir selbst bekannt, den anderen aber unbekannt sind (Feld 3)

- und die mir selbst und den anderen unbekannt sind (Feld 4).

Das erste Feld repräsentiert meine öffentliche Person, wie ich mich zeige, was ich von mir zeigen will, wie ich gern gesehen werden möchte und worin ich mich darstellen kann. Das zweite Feld ist dagegen schon etwas problematischer. Hier verstecken sich Verhaltensweisen, die mir selbst gar nicht auffallen und wo sich bestimmte Eigenarten (im Verhalten, in der Sprache, in meiner Bewegung) und Gewohnheiten, Wertvorstellungen und Zwänge, stereotype Muster und gelebte Normen „ausleben" können. Anderen Menschen fallen sie auf, mir nicht mehr.

Im dritten Feld, für viele Leute das Lieblingsfenster, finden alle intimen und privaten Dinge ihren Platz, die ich selbst sehr wohl kenne, aber sicherheitshalber vor den Augen der Öffentlichkeit schütze. Sie (= die Ängste und Abneigungen, geheimen Wünsche und Vorlieben) werden dabei häufig so gut vor anderen Menschen versteckt, dass sie für diese kaum oder gar nicht zu existieren scheinen. Wer kennt zum Beispiel nicht den Ausspruch: „Aber von dir hätte ich das bestimmt nicht gedacht!" Das vierte Feld enthält nun alle unbewussten, mir selbst und den anderen unbekannten Dinge, die zwar in mir sind, allerdings als unbekannte Variablen existieren. Stark verdrängte Triebstauungen, unbewusste Hemmungen und verschlossene, schmerzhafte Erinnerungen der Vergangenheit ruhen zwar im verschlossenen Bereich, „treiben aber auch weiterhin ihr Unwesen".

Ein Blick auf ErzieherInnen lässt nun – je nach gefundener Identität – unterschiedliche Fenstergrößen zu. Das bedeutet, je nachdem wie intensiv und tief ErzieherInnen – wie auch andere psychosozialen HelferInnen – an ihrer Person und mit ihren Persönlichkeitsmerkmalen selbst erfahrungsorientiert gearbeitet haben, ist auch die Aufteilung der Felder gestaltet

Beispiel 1: ErzieherInnen, die sich nur wenig wirklich öffnen, wenig von sich preisgeben, Vorgegebenes unreflektiert mitmachen und kaum beziehungsweise gar nicht an ihrer Identität arbeiten:

Die Regel:

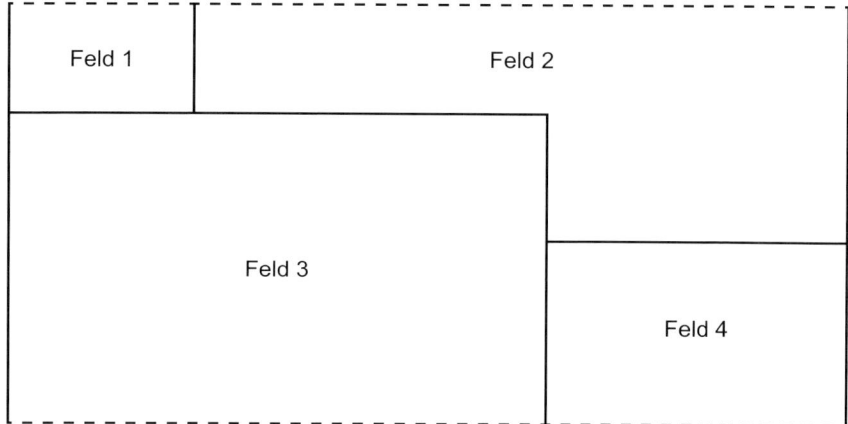

Stichpunkte:

- ☐ ein kleines Feld 1 (Angst vor dem Risiko, Fehler zu machen);

- ☐ ein verhältnismäßig großes Feld 2 (Wunsch, alles beim Alten zu lassen);

- ☐ ein sehr großes Feld 3 (zu Hause ist es am schönsten);

- ☐ ein verhältnismäßig großes Feld 4 (Angst vor dem Unbekannten).

Beispiel 2: ErzieherInnen, die den Mut haben, sich öffentlich zu machen, den blinden Flecken auf die Spur zu kommen, Vieles aus ihrem Privatbereich eingeben und auch das Risiko auf sich nehmen, sich mit dem verschlossenen Bereich (zum Beispiel durch Supervision, Eigentherapie, Selbsterfahrung) bewusst auseinanderzusetzen:

Die Ausnahme:

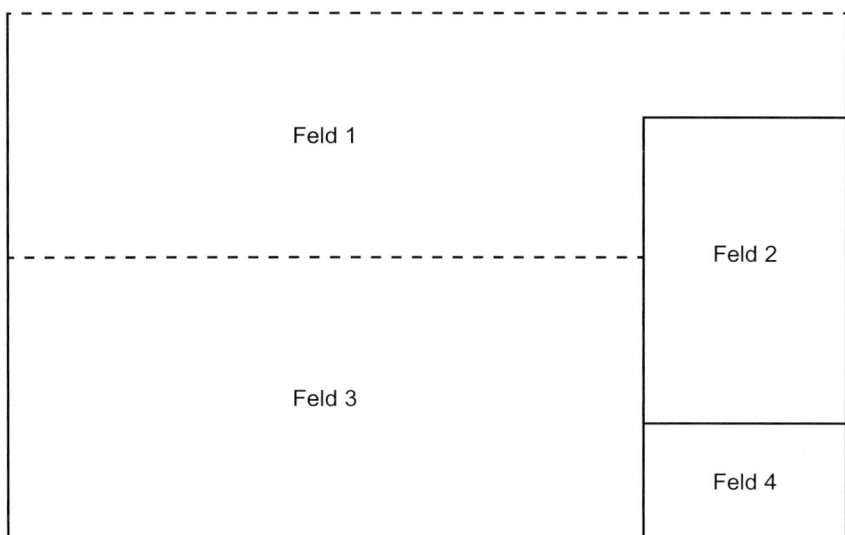

Stichpunkte:

- ☐ ein großes Feld 1 (Leben ist eine lebendige Auseinandersetzung);

- ein kleines Feld 2 (Selbsterkenntnis durch gesuchtes Feedback);

- ein verhältnismäßig kleines Feld 3 (Privatheit ja, zu Versteckendes nein!);

- ein kleines Feld 4 (Selbsterkenntnis durch Selbsterfahrung).

Hier zeigt sich, wie *risikofreudig, selbsterkenntnisorientiert und aktiv* ErzieherInnen die Arbeit der Identitätsentwicklung bewusst auf sich nehmen – im eigenen Interesse und in Verantwortung vor KollegInnen, Kindern und Eltern. Der Anspruch einer *ganzheitlichen Pädagogik* zeigt sich im *ganzheitlichen Umgang mit der eigenen Person.*

Konsequenz 1: Nur durch die aktive Auseinandersetzung mit sich selbst, dem Herstellen einer großen Öffentlichkeit zur eigenen Person, dem In-Erfahrung-Bringen unbekannter Verhaltensmuster und dem schmerzhaften Arbeiten an unbewussten Strukturen können ErzieherInnen als ein Medium zur Veränderung von Praxis wirken! Natürlich gehört zu einer bewussten Veränderung der Verhaltensfelder Mut und Risikofähigkeit; gerade sie sind aber nötig, *für* Kinder und Eltern und *mit* ihnen Bedingungen und Situationen zu verändern, damit einerseits der Erziehungs-, Bildungs- und Betreuungsauftrag des Kindergartens auch umgesetzt werden kann *und* andererseits Kinder eine Zukunft haben, weil politische und verbandsverbundene Kräfte in der Bundesrepublik Deutschland eher mit großen Worten um sich werfen als *wirklich* etwas zu *tun!*

Ein Blick auf die Aufgaben von ErzieherInnen zeigt folgendes Bild:

- „Der Erzieher versteht sich *in erster Linie als Partner des Kindes und Jugendlichen und Anwalt ihrer* Interessen. Er *tritt* insbesondere für die Erhaltung und *Verbesserung der Lebensbedingungen von Kindern* und Jugendlichen aller Schichten, Nationen und Religionen *ein*. Er *trifft die Entscheidungen für sein erzieherisches Handeln* auf der Grundlage einer *kritischen Auseinandersetzung* sowohl mit den pädagogischen Traditionen als auch mit neuen wissenschaftlichen Erkenntnissen und bildungspolitischen Strömungen. Das pädagogische Handeln des Erziehers hat die Förderung der Gesamtpersönlichkeit des Kindes und Jugendlichen zum Ziel *und geht damit über eine bloße Bewahrung oder die Schulung einzelner Fähigkeiten und Fertigkeiten hinaus.*" (Aus: Bundesverband Evang. Erzieher und Sozialpädagogen e.V. [Hrsg.]: Berufsbild Erzieher. Allgemeine Merkmale des Erzieherberufs. 2. Aufl. 1983)

- „Ziel einer verantwortungsvollen Politik muss daher sein, die Bedeutung von Kindern für gegenwärtiges und zukünftiges Leben bewusst zu machen und Fürsprecher für Kinder zu gewinnen. (...) Gefragt ist eine Politik für das Kind und seine Bedürfnisse. (...) Im Rahmen einer solchen Politik für Kinder können ErzieherInnen einen wichtigen Beitrag leisten. Sie sind es, die neben den Eltern die Kinder und ihre Lebenssituationen am besten kennen und von daher Bedingungen anmahnen müssen, die Kinder für eine gedeihliche Entwicklung brauchen. Es bedarf ihrer *kritischen Wachsamkeit, ihrer* Einschätzung und Beurteilung von Entwicklungen und der Fähigkeit, den fruchtbaren Moment für eigenes Handeln im Umgang mit Kindern im pädagogischen Innenbereich – also im Kindergarten wie im Außenbereich – also im Umgang mit Vertretern des sozialen Umfeldes wie Eltern, Trägern und Politikern – zu erkennen." (Aus: Rita Süßmuth: Kinderleben, Kinderzeiten, Kinderwelten. in: Kinderzeit, 1988/89)

Schon hier wird deutlich:

- Wer InteressenvertreterIn für Kinder sein will, muss eigene Interessen vertreten können.

- Wer PartnerIn von Kindern sein will, muss partnerschaftlich – ganzheitlich – mit sich umgehen.

- Wer sich für Kinder einsetzen will, muss sich zunächst auch für sich einsetzen.

- Wer Kinder zu kritischen Bürgern erziehen möchte, muss kritisch mit sich und der Welt umgehen können.

- Wer den Anspruch hat, FürsprecherIn für Kinder zu sein, muss zunächst deutlich für und mit sich selbst sprechen.

- Wer verbesserte Bedingungen für Kinder anmahnt, muss sich selbst mahnend begegnen.

- Wer im Interesse von Kindern kritisch wachsam sein soll, muss wachsam mit eigenen Verhaltensweisen – ohne Ausgrenzung (!!!) umgehen.

- Wer Entwicklungen erkennen will, muss ständig an seiner eigenen Entwicklung arbeiten.

- Wer Kindern zur gelebten Initiative verhelfen will, muss eigene Initiative zeigen.

- Wer Kindern helfen möchte, Bedürfnisse, Gefühle und Schwierigkeiten auszudrücken, muss zunächst eigene Bedürfnisse spüren und leben, eigene Gefühle ausdrücken und eigene Schwierigkeiten bewusst in Augenschein nehmen.

- Wer anderen bei der Entwicklung helfen will, muss sich selbst zunächst entwickeln.

- Wer mit anderen Menschen arbeitet, muss an sich selbst arbeiten.

Und diese Arbeit beginnt für ErzieherInnen – wie selbstverständlich auch für alle anderen HelferInnen aus dem Feld der psychosozialen Arbeit – mit einer Entscheidung:

- Will ich mich wirklich mit mir auseinandersetzen?

- Will ich wirklich in den Spiegel der Erkenntnis schauen und meine eigenen Grenzen erfahren?

- Will ich mich wirklich so sehen, wie ich bin?

Dazu haben zwei Forscher aus dem Bereich der Sozialpsychologie (F. Zöchbauer und H. Hoekstra) ein verständliches Modell entwickelt, um zu veranschaulichen, auf welchen Ebenen sich Menschen begegnen – auf der Ebene der Selbstbegegnung und auf der Ebene der Fremdbegegnung.

Stufen zwischenpersonaler Wahrnehmung

Möglichkeit 1:

Leben nach dem Selbstbild

Möglichkeit 2:

Leben nach dem Wunschbild

Möglichkeit 3:

Leben nach dem vermuteten Fremdbild

Möglichkeit 4:

Leben nach dem Fremdbild

Erklärung:

- **Möglichkeit 1:** Selbstbild: Wie ich mich selbst sehe.

- **Möglichkeit 2:** Wunschbild: Wie ich möchte, dass mich der andere/die anderen (Kolleginnen, Eltern, Träger/Kinder/Lebenspartner) sehen.

- **Möglichkeit 3:** Vermutetes Fremdbild: Wie ich glaube, dass mich der andere sieht/die anderen sehen.

- **Möglichkeit 4:** Fremdbild: Wie mich der andere sieht/die anderen sehen.

Wenn davon ausgegangen werden muss – empirische Untersuchungen belegen dies in klarer Art und Weise –, dass die meisten Menschen nach ihrem Wunschbild leben, an zweiter Stelle ihr Leben nach dem vermuteten Fremdbild ausrichten, an dritter Stelle ihr Leben dem Fremdbild unterordnen und erst an vierter, letzter Stelle sich dem Selbstbild stellen, dann stellen sich natürlich neue Fragen:

- Wie ist es möglich, dass ErzieherInnen den Anspruch haben, Kinder in der Entwicklung ihres Selbstbildes zu fördern, wenn viele (nicht alle!) weit entfernt von ihrem eigenen Selbstbild sind?

- Wie ist es möglich, dass ErzieherInnen die Erwartung haben, dass sich Kinder in einzelnen Verhaltensweisen verändern sollen, wenn viele (nicht alle!) an einer eigenen Veränderung nur wenig Interesse haben?

- Wie ist es zu rechtfertigen, dass ErzieherInnen Kinder zu „gesunder Entwicklung und Lebensgestaltung" bewegen möchten, wenn viele (nicht alle!) physisch und psychisch ungesund mit sich selbst umgehen?

Daher lautet die Forderung für ErzieherInnen, die auf der weiteren Suche nach ihrer Identität sind, wie folgt:

Konsequenz 2: Nur durch eine bewusste Entscheidung, sich mit dem eigenen Selbstbild zu konfrontieren, sich mit Grenzen der Persönlichkeit auseinanderzusetzen und mit dem Abschied davon, anderen Menschen gefallen zu wollen, kann Wachstum und Identitätszuwachs erfolgen. Grundlage für Risikofähigkeit und Mut, sich dem eigenen Selbstbild zu stellen und dieses auch zu leben, im eigenen Interesse und zum Wohl von anderen, ist das *Selbstwertgefühl,* das Menschen die Kraft gibt, Dinge und Geschehnisse zu sehen, bewusst wahrzunehmen, aufzugreifen und aktiv umzusetzen. Viele ErzieherInnen sprechen zwar vom Selbstwertgefühl, das auch bei Kindern zu fördern ist, aber nur wenige wissen, was *wirklich* hinter dem Begriff steht und *aus welchen* Faktoren sich das Selbstwertgefühl zusammensetzt. Dazu bietet Birkenbihl ein übersichtliches Modell an, das nun im folgenden Teil vorgestellt und erklärt werden soll.

a. Das Selbstwertgefühl – bei allen kleinen und großen Menschen, unabhängig von Bildung und Schichtzugehörigkeit – *ist das ER-GEBNIS* aus den fünf Einflussgrößen *erotisch-sexuelle Befriedigung, optimales Verhältnis zwischen dem ICH und dem ICH-IDEAL, Wert-schätzung als Person, Übereinstimmung mit dem Gewissen und der Anerkennung der Leistung.*

b. Es geht also nicht an, dass zum Beispiel ErzieherInnen die Forderung für sich oder andere aufstellen, sich oder sie in ihrem Zuwachs an Selbstwertgefühl fördern zu wollen – dies hieße, aus Unkenntnis oder wider besseren Wissens eine Folge von etwas zur Ursache zu verändern –, sondern einen der Einflussfaktoren auszuwählen, in diesem Bereich etwas zu tun (durch selbster-fahrungsorientiertes Lernen) und sich anschließend einer neuen Einflussgröße zu nähern, um dort zu wachsen.

c. Es fällt auf, dass das Selbstwertgefühl ein *ganzheitliches Ergeb-nis* darstellt, in dem kein Lebensbereich ausgeklammert ist (weder die Emotionalität noch die Soziabilität noch die Kognition oder die Handlungskompetenz).

◻ Wenn der Bereich der erotisch-sexuellen Befriedigung offensichtlich dazu beiträgt, dass das Selbstwertgefühl steigt oder sinkt, ist es notwendig, eigene Sexualität zu leben, mit ihr aktiv in Beziehung zu treten und sie zu einem festen Lebensbereich zu erklären, sie aus ihrem häufigen Schattendasein herauszuholen und sie ganz-heitlich in der Person zu integrieren. (An dieser Stelle könnten viele Beispiele misslungener Versuche auf-geführt werden, warum ErzieherInnen selbst in Kommu-nikationsfortbildungen Schwierigkeiten haben, diesen Bereich offen anzusprechen und sich selbst dem Thema zu stellen.)

◻ Die Einflussgröße des optimalen Verhältnisses zwischen dem ICH und dem ICH-IDEAL bedeutet, dass es zu einem ausgewogenen Verhältnis zwischen dem, wie ich bin, und dem, wie ich sein möchte (Selbstbild!) kommen muss. Es ist notwendig, sich den Schwierigkeiten zu stellen, anstatt sie zu meiden. Es ist notwendig, sich den Träumen und Idealen zu nähern, indem ErzieherInnen dafür etwas tun, oder sie müssen sich von den gesteckten Leitbildern verabschieden. Emotional und kognitiv! Die Schwierigkeit liegt darin, dass viele ErzieherInnen beide Dinge spürbar zulassen, *ohne sich fest für eine Seite zu entscheiden. Und genau das provoziert unlösbare Konflikte.*

- Jeder Mensch braucht Anerkennung – allerdings ist es ein Unterschied, ob er die Wertschätzung als Person durch sich selbst oder andere Menschen erfährt. Im Sinne des Wachsens des Selbstwertgefühls sieht es so aus, dass ErzieherInnen lernen müssen, sich selbst als Person ernst zu nehmen und wertzuschätzen, weil sie vom Wert ihrer Person überzeugt sind. Je mehr die Menschen alle Verhaltensweisen in sich integrieren und sich dann kritisch mit ihnen auseinandersetzen, desto mehr geschieht die eigene Wertschätzung als Person. Wo Niedergeschlagenheit existiert, liegt Fremdbestimmung vor oder der Wunsch, von anderen geachtet und geliebt zu werden. Doch eines gilt immer noch: Der Wunsch nach Wertschätzung durch andere macht abhängig und schafft immer wieder neue Abhängigkeiten.

- Die Einflussgröße *Übereinstimmung mit dem Gewissen* meint nichts anderes, als dass es zu einem ausgewogenen Verhältnis zwischen dem, wie ich bin, und dem, wie ich sein sollte, kommen muss. Andernfalls sind Selbstvorwürfe, ein permanentes schlechtes Gewissen und depressive Selbstanklagen die Folge. Wenn die Übereinstimmung mit dem Gewissen geschieht, dann können sich auch gerade emotionale Kompetenzen entwickeln und festigen – eine wichtige Voraussetzung zur Erhöhung des Selbstwertgefühls.

☐ Die *Anerkennung der Leistung* ähnelt der *Wertschätzung als Person,* meint allerdings im Unterschied zur letztgenannten Einflussgröße die eigene Anerkennung vollzogener Aktivitäten und Unternehmungen. Nicht das, was andere gut finden und lobend erwähnen, was ErzieherInnen getan haben, sondern was sie selbst handlungsaktiv in die Wege geleitet haben, findet durch ErzieherInnen selbst Anerkennung. Für sich, Kinder oder Eltern etwas zu erreichen oder erreicht zu haben, macht stolz und ermutigt zu neuen Unternehmungen. Anerkennung geschieht aus der Leistung selbst, nicht aus der Bewertung anderer.

So ergeben sich zwei weitere Folgerungen:

Konsequenz 3: Die Auseinandersetzung und Bejahung der eigenen Sexualität ist eine wesentliche Voraussetzung zur Erhöhung/Festigung des Selbstwertgefühls. Gerade dieser Bereich, der immer noch den Charakter einer „heißen Kartoffel" hat, muss mehr in das Bewusstsein der eigenen Person und der Öffentlichkeit gelangen – er darf weder negiert noch dürfen kleine und große Menschen durch offen gelebte sexualisierte Äußerungen oder Aktivitäten stigmatisiert, verurteilt oder bestraft werden. Sowohl Männer in helfenden Berufen als auch Frauen haben sich dem Sexualbereich vorurteilsfrei und offen zu stellen.

Konsequenz 4: Eine wesentliche Voraussetzung zur Findung und Festigung der Identität mit dem Ziel einer neuen oder stärkeren Professionalität im Hinblick auf Veränderung von Praxis liegt im SELBSTWERTGEFÜHL von ErzieherInnen. Ohne Selbstwertgefühl (andere sprechen in diesem Zusammenhang auch von dem Begriff *Selbstbewusstsein;* beide Begriffe sind allerdings nicht identisch) kann eine Veränderung der Praxis nicht erreicht werden. Teamsitzungen, Supervision und Fortbildungsveranstaltungen müssen daher vermehrt unter dem Aspekt von Persönlichkeitsbildung angeboten und von ErzieherInnen auch wahrgenommen werden.

Wer in diesem Zusammenhang glaubt, dass die eigene Kraft nicht ausreicht, bisher aufgezeigte Wege aufzugreifen, dem sei an dieser Stelle ein kurzes Märchen erzählt:

Ein orientalisches Märchen erzählt von den alten Göttern, die zu entscheiden versuchten, wo sie die Kraft des Weltalls verstecken sollten, sodass der Mensch sie, diese ungeheure Kraft, nicht finden und zerstörerisch verwenden könne. Ein Gott sagte: „Lass sie uns auf dem höchsten Gipfel des Berges verstecken." Aber sie entschieden, dass der Mensch schließlich den höchsten Berg ersteigen und die große Kraft finden würde. Ein anderer Gott sagte: „Lass uns die Kraft auf dem Grund des Meeres verstecken." Wiederum entschieden sie, dass der Mensch schließlich auch die Tiefe der See erforschen würde. Ein dritter Gott schlug vor: „Lass uns die Kraft des Weltalls in der Mitte der Erde verstecken." Aber sie mutmaßten, dass der Mensch eines Tages auch diese Region erobern würde. Schließlich sagte der weiseste Gott der Götter: „Ich weiß, was zu tun ist. Lass uns die Kraft des Universums im Menschen selbst verstecken, in seinem Inneren. Er wird niemals daran denken, dort danach zu suchen."

Nach diesem alten Märchen versteckten sie tatsächlich die Kraft des Universums im Menschen selbst, ganz tief im Inneren des Menschen, wo sie bei vielen noch heute liegt.

Identität und Professionalität als wechselseitig voneinander abhängige Variablen werden sich zudem nur dort entwickeln, wo ErzieherInnen eine *ICH-FORM* leben, die darauf ausgerichtet ist, den Wachstumsprozess zu unterstützen. James und Jongeward, zwei Wissenschaftler, haben zur Übersicht und Kennzeichnung real gelebter Ich-Formen ein Modell entwickelt, in dem drei Möglichkeiten vorgestellt sind, *seine Ich-Form* zu leben, mit entsprechenden Auswirkungen auf die eigene Person und auf die Menschen, mit denen zusammengelebt und gearbeitet wird. So beschreiben sie zunächst den Zustand der Menschen, die im *Kindheits-Ich* leben:

Sie haben viele eigene Kindheitserinnerungen nicht verarbeitet, leben vor allem in den Mustern unreflektierter Verhaltensweisen, gehen spontan den Triebschüben von „Lust und Unlust" nach und zeichnen selbst das Bild der „unschuldigen Opfer" in einer fremden, bösen, aggressiven Welt.

Der Zustand der Menschen, die im Eltern-Ich leben, ist ebenfalls schnell skizziert: Sie leben – entweder bewusst oder unbewusst – tradierte Normen, die für sie selbst und andere Gültigkeit erhalten/haben sollen. Sie haben es bis zum jetzigen Zeitpunkt nicht gelernt, sich von den eigenen Eltern wirklich emotional zu lösen, denken daher in den Kategorien von „gut und schlecht" , „richtig und falsch", „sauber und schmutzig" sowie „angemessen oder unangemessen". Sie können es nicht ertragen, von anderen kritisiert zu werden, und wenn dies geschieht, gehen sie sofort in Opposition und beginnen einen Kampf „ums Überleben" nach dem Motto: *Und ich will doch der Stärkere sein.* Zitat eines Eltern-Ichs: „Ich will als Sieger aus der Auseinandersetzung herauskommen, und der andere soll sich richtig als Verlierer fühlen" (ErzieherIn, 27 Jahre alt, Süddeutschland).

Personen, die es geschafft haben, im Erwachsenen-Ich zu leben, gibt es nicht nur selten (empirische Untersuchungen weisen eine Prozentzahl auf, die kleiner als 1 ist), sondern diese Form des Lebens ist auch die schwierigste in einer Welt, die eher auf ein Leben mit guter Außenwirkung, wenig Konflikten und einem reibungslosen Durchmogeln ausgerichtet ist. Menschen mit ihrem Erwachsenen-Ich nehmen die ganze Breite der Realität wahr, beobachten Geschehnisse und wissen diese klug und intelligent auszuwerten. Sie haben es aufgrund ihres Wissens und durch ihre erwachsenen Verhaltensweisen nicht leicht, in der Welt zu bestehen, weil Wahrheiten und objektive Ergebnisse in ihrer ganzen Klarheit immer weniger gefragt sind – sowohl im Mikrokosmos Familie als auch im Makrokosmos Politik und Pädagogik.

Zur weiteren Verdeutlichung sei an dieser Stelle eine Übersicht vorgestellt, in der einzelne Verhaltensweisen den jeweiligen Ich-Formen zugeordnet werden:

Gelebte Ich-Form: Typische Verhaltensmerkmale

Ein *Erwachsenen-Ich* nimmt Augenblicke der REALITÄT wahr:

- durchdenkt seine Arbeit;
- reflektiert eigenes Verhalten;
- hat Interesse am Zuwachs von Fachkompetenz;
- liest viel und regelmäßig;
- sucht die Auseinandersetzung;
- bezieht klar Stellung;
- vermeidet Machtkämpfe;
- hat Vertrauen zu sich selbst;
- sucht eigene Standpunkte und setzt sich mit ihnen auseinander;
- geht Risiken ein;
- unternimmt auch ungewöhnliche Problemlösungsversuche;
- sieht das Leben als einen ständigen Lernprozess an;
- übt immer wieder Selbstkritik, ohne sich zu zerstören;
- drückt Gefühle wie Angst, Wut, Trauer und Freude aus;
- kann Entscheidungen korrigieren;
- ruht in sich selbst;
- verzichtet bewusst auf das Reden über andere Menschen;
- plant Arbeit strukturiert durch;
- überlässt es nicht anderen, für sich zu sorgen;
- kann gut damit leben, unbeliebt zu sein;

- ☐ trennt Beziehungs- von Sachebenen;

- ☐ gibt sich überall dort ein, wo er Stellung beziehen kann;

- ☐ übt Selbstdisziplin in gesetzten Zielen;

- ☐ hat kaum Vorurteile;

- ☐ wächst durch kontinuierliches Anecken;

- ☐ kann gut allein mit sich umgehen.

Ein *Eltern-Ich* lebt viel aus Vermutungen und Fantasien;

- ☐ arbeitet und definiert sich aus der Arbeit heraus;

- ☐ ist selbstreflektierend in vorhandenen Grenzen;

- ☐ beteiligt sich am Gerede über andere;

- ☐ liest wenig und glaubt, dies reiche aus;

- ☐ sucht dann die Auseinandersetzung, wenn die Einschätzung besteht, Gewinner zu sein;

- ☐ kämpft bei Machtauseinandersetzungen;

- ☐ kennt sich nur in Grenzen;

- ☐ hält lange Zeit an einmal gefundenen Standpunkten fest;

- ☐ geht nur überschaubare Risiken ein;

- ☐ hält an gelungenen Problemlösungsversuchen fest;

- ☐ ist bereit, sich auf Lernprozesse einzulassen, aber nur so weit, wie diese nicht schmerzen;

- ☐ übt Kritik, um besser als andere zu sein;

- ☐ drückt Gefühle von Freude und Ärger, Wut und Trauer nur kontrolliert aus;

- ☐ übt zwar formal Selbstkritik, allerdings nur kognitiv;

- ☐ hält an einmal getroffenen Entscheidungen fest;

- ☐ lässt sich nur schwer vom Gegenteil überzeugen;

- ☐ will andere mit seinen Wahrheiten unbedingt überzeugen;

- redet über andere Menschen, vor allem in deren Abwesenheit;
- hält an festen Arbeitsplanungen starr fest;
- versucht immer, von anderen gemocht zu werden;
- trägt Sachkonflikte auf der Beziehungsebene aus;
- lebt viel aus Vermutungen und bestätigt sich in Vorurteilen;
- braucht immer andere Menschen um sich;
- solidarisiert sich bei Konflikten mit Stärkeren;
- geht keine wirklichen Risiken ein.

Ein *Kindheits-Ich* genießt spontan die sich ergebenden Gelegenheiten:

- arbeitet eifrig, aber ohne selbst gesetzte Ziele;
- gibt bei Misserfolgen anderen die Schuld;
- sucht Unterstützung bei Schwierigkeiten, ohne selbst zu versuchen, diese zunächst ohne fremde Hilfe zu lösen;
- redet über andere und steht nicht dazu;
- unternimmt Vieles heimlich;
- hält sich aus Konflikten heraus;
- will schnell Harmonie herstellen;
- mault bei Entscheidungen, die ihm/ihr nicht gefallen, herum;
- hält sich nur an Absprachen, wenn diese ihm/ihr gefallen;
- übernimmt kaum bis gar keine Verantwortung;
- meidet die Risiken, die ihn auffallen lassen;
- liest kaum, weil einmal gefundene Wahrheiten eine ständige Gültigkeit für sie/ihn haben;
- meidet Grenzerfahrungen
- lehnt Selbsterfahrung ab und begegnet ihr mit Vorurteilen;

- ist unklar in Entscheidungen;
- liebt es, wenn andere ihm/ihr Entscheidungen abnehmen;
- übt entweder laute, destruktive Kritik oder frisst nicht geäußerte Kritik in sich hinein;
- glaubt, durch Zuhören allein etwas zu lernen;
- findet immer Gründe, nicht aufzufallen;
- übt Fremdkritik, allerdings sehr vorsichtig oder in deren Abwesenheit;
- lässt sich entweder schnell von anderen überzeugen, um nicht allein dazustehen, oder gibt unzufrieden nach;
- sieht alles Geschehen nur aus der Beziehungsbrille;
- vermeidet jegliches öffentliches Anecken;
- lebt aus/mit Vermutungen und Vorurteilen;
- lehnt es durchweg ab, im Kindheits-Ich zu stecken;
- hat große Schwierigkeiten damit, von anderen nicht gemocht zu werden.

Beobachtungen, die der Autor des Artikels in den letzten zehn Jahren seiner Arbeit mit ErzieherInnen gemacht hat, lassen den Schluss zu, dass etwa

- 75 % der ErzieherInnen im Eltern-Ich leben (n = 900),
- 24 % der Er zieherinnen im Kindheits-Ich leben (n = 288)
- 1 % der ErzieherInnen im Erwachsenen-Ich leben (n = 12).

(Anmerkung: Die Gruppe ErzieherInnen, die mit standardisierten Beobachtungsbögen klassifiziert wurde, betrug 1.200 Personen.)

Wichtig erscheint im Zusammenhang mit den Ich-Formen der Hinweis, dass zum Beispiel das Erwachsenen-Ich unabhängig vom Alter (!) ist. Es kommt häufig vor, dass Kinder ein Erwachsenen-Ich leben und auf ErzieherInnen treffen, die im Eltern-Ich ihr Zuhause gefunden haben. Was folgt, ist klar: Runde frei, der Kampf beginnt. Es wird deutlich, dass es natürlich nicht möglich ist, Kinder in ihrer Entwicklung zu unterstützen, wenn ErzieherInnen eine Ich-Form leben, die dem wirklichen Wachsen von Kindern diametral entgegensteht. Daher ergibt sich eine fünfte Schlussfolgerung:

Konsequenz 5: Wenn ErzieherInnen den Anspruch haben, Medium der Veränderung von Praxis zu sein, dann ist dies nur möglich, wenn in möglichst vielen (nicht allen – das wäre Utopie) Situationen Verhaltensweisen gezeigt werden, die denen aus dem Feld des Erwachsenen-Ichs entsprechen.

Schlussgedanken

Wer Fakten zum Thema *Kindheiten heute* zum Ausgangspunkt der Arbeit setzt und gleichzeitig die Geringschätzung von Kindern in der Öffentlichkeit wahrnimmt, kann den Erziehungs-, Bildungs- und Betreuungsauftrag des Kindergartens nur dann erfüllen, wenn neue Werte, Ziele und Entscheidungen gefunden werden. Doch eines bleibt klar: Veränderung von außen kann erst dort geschehen, wenn die Veränderung von innen (aus der Person) ihre Bedeutung erfährt. Die Pädagogik und die Menschen, die sie umsetzen, müssen und können lernen, dass wir keine neue Theorie brauchen, sondern ein neues Umgehen mit den bisherigen Ergebnissen.

Aktuelle Themen

Gibt es Gewalt in Kindergärten?

Eine Frage zu einem unbequemen Thema

Wenn in diesem Beitrag ein Problem zur Sprache kommt, das äußerst selten offen und klar diskutiert wird, dann geht es selbstverständlich nicht darum, eine Berufsgruppe zu diskreditieren oder die verantwortungsvolle Tätigkeit Tausender ErzieherInnen, die ihre tägliche Arbeit mit Kindern verantwortungsvoll und gut leisten, in Misskredit zu bringen. Das wäre eine billige, haltlose und ungerechtfertigte Herangehensweise an ein so heikles Thema.

Unbestritten wird in vielen Kindergärten eine Arbeit geleistet, mit der ErzieherInnen redlich versuchen, den täglichen Anforderungen und vielfältigen Bedürfnissen von Kindern gerecht zu werden. Und dennoch darf es uns nicht dazu verleiten, auf einem Auge blind zu werden, das heißt, kleine, kaum wahrnehmbare Dramen, die Kinderseelen erleiden müssen, geflissentlich zu übersehen. So haben mich persönliche Eindrücke und eine größere Anzahl von ErzieherInnenberichten dazu veranlasst, tiefe Betroffenheit über Vorgänge zu spüren, die zu thematisieren sind, was ich mit diesem Beitrag tue, und zwar basierend auf realen Vorfällen.

Auch in Kindergärten sind Kinder in Not

Mit großem Interesse und hoher Aufmerksamkeit habe ich seinerzeit einen Artikel von Hedwig Wilken gelesen, in dem sie engagiert und klar, kompromisslos und deutlich die Frage beantwortet hat, welche Rechte ein Kind grundsätzlich und damit auch im Kindergarten besitzt. Eigentlich scheint dies auf den ersten Blick hin ein überflüssiger Artikel zu sein, denn jede ErzieherIn wird auf die Frage, ob Kinder Rechte haben, sicherlich mit einem deutlichen „Ja" antworten, sind sie es doch gleichsam, die ihren Beruf, ihr Engagement und ihre Professionalität aus ihrer Arbeit mit Kindern ableiten und Kinder damit zum Mittelpunkt ihrer Arbeit werden lassen (sollen). Das Kind als Mittelpunkt – das Kind in der Mitte der Chancen, sich zu entwickeln unter Ausnutzung der Rechte, die Erwachsene ihm zugestehen. Auf den zweiten Blick hin ist der Beitrag von Hedwig Wilken aber ganz und gar nicht überflüssig, drückt er doch die Notwendigkeit aus, dass sich Erwachsene an die Rechte der Kinder erinnern und ihre eigene tägliche Arbeit daran messen, inwieweit die Rechte von Kindern tatsächlich in der eigenen Einrichtung realisiert sind.

Und genau an dieser Stelle scheint – bildlich gesprochen – einigen Erwachsenen „der Schuh zu drücken". Überprüfung der Realität – ein anstrengendes, ehrliches und manches Mal erschreckendes Bemühen, weil Begebenheiten ins Auge fallen, die schmerzen können. Ist der Artikel von Hedwig Wilken gerade in einer so viel beachteten Zeitschrift wie *Kindergarten heute* nötig? Die Antwort ist unmissverständlich klar: Er ist nötig, weil auch in Kindergärten Kinder in Not sind oder auch durch Erwachsene in Not geraten. Hedwig Wilken stellt die Frage, welche Rechte ein Kind hat, und sie erinnert uns daran, dass auch die Grundrechte des Grundgesetzes für Kinder Geltung besitzen, jederzeit und überall.

Nehmen wir uns zunächst einmal ein kleines Wortspiel vor und beziehen die Grundrechte direkt auf Kinder, dann heißt der Artikel 1: *Das Kind ist in seiner Würde unantastbar.* Dieses Grundrecht zu achten und zu schützen ist Verpflichtung aller erwachsenen Menschen – außerhalb und innerhalb des Kindergartens gleichermaßen. Und im Artikel 2 heißt es weiter: *Jedes Kind hat das Recht auf die freie Entfaltung seiner Persönlichkeit; dabei ist die Freiheit des Kindes unverletzlich.* Persönlichkeitsentfaltung – ein auf der einen Seite hoch bedeutsamer Begriff in der Entwicklung von kleinen und großen Menschen, auf der anderen Seite ein inhaltsloses Wort in der genauen Betrachtung der Aussagen von Erwachsenen, weil es kaum oder gar nicht mit realem Leben gefüllt wird. Eine freie Entfaltung der Persönlichkeit setzt die Achtung, Wertschätzung und Akzeptanz von Kindern in ihrer Person voraus, damit sich individuelle Persönlichkeiten entfalten können, sollen, müssen, um eine Welt, die vielfältig, bunt, individuell und facettenreich ist, zu erleben und zu spüren. Kinder haben ein Grundrecht auf diesen Anspruch, wobei ihre Freiheit unverletzlich ist. Im Hall-Denis-Report finden wir dazu folgende Aussage: *Jedes Kind hat das Recht zu lernen, zu spielen, zu lachen, zu träumen, zu lieben, anderer Ansicht zu sein, vorwärtszukommen, um sich zu verwirklichen.*

Wenn wir dann weiter den Artikel 5 des Grundgesetzes nehmen und auf Kinder übertragen – darin lesen, dass *jedes Kind das Recht hat, seine Meinung in Wort, Schrift und Bild frei zu äußern,* dann soll es dies mit seinem Grundrecht wahrnehmen, indem es sagt, was es denkt und fühlt. Dann hat das Kind ein Recht darauf, seine Wut oder Ablehnung auszudrücken, weil es einen Druck spüren kann/wird, innere Gedanken nach außen zu tragen. Und es hat ein Recht dazu, seine Bilder so zu malen, wie es das kann und möchte – nach seinen Kriterien von Richtigkeit, nach seinen inneren Vorstellungen und Möglichkeiten, Gedachtes und Gespürtes bildlich zu verbinden. Im Artikel 8 *können wir das Recht von Kindern wiederfinden, sich ohne Anmeldung dort zu versammeln, wo sie es möchten.* Was bedeutet da schon die Aufforderung von Erwachsenen, dass zum Beispiel nur maximal fünf Kinder in die Bau- oder Puppenecke dürfen? Es ist ein Grundrecht von Kindern, sich in Gruppen zusammenzufinden, und zwar in der Gruppengröße und in der Kinderauswahl, wie Kinder selbst es wünschen.

Kinder haben Rechte – so wie Hedwig Wilken es in ihren vielen Beispielen beschrieben hat. Doch scheinen Erwachsene diese des Öfteren zu vergessen – vielleicht gedacht „im Interesse von Kindern". Welches gefährliche Pseudo-Argument, mit dem alle und wirklich alle erzieherischen Maßnahmen gerechtfertigt und begründet werden können. Kinder werden sowohl offensichtlich wie heimlich, laut wie leise, grob als auch fein von ihren Grundrechten weggezogen, mit dem Maßstab der Kriterien von Erwachsenen. Und leider missachten wir dabei automatisch die Verletzung der Liebe zwischen Kindern und uns. W. W. Dyer drückt es so aus: *Liebe ist die Fähigkeit und Bereitschaft, den Menschen, an denen uns gelegen ist, die Freiheit zu lassen, zu sein, was sie sein wollen, gleichgültig, ob wir uns damit identifizieren können oder nicht.*

Und schließlich finden wir in der Convention on the Rights of the Children, der UN-Konvention über die Rechte des Kindes, die auch von Deutschland unterschrieben wurde, die Zusicherung, dass jedes Kind das Recht hat, seine *eigene Meinung in allen das Kind berührenden Angelegenheiten frei zu äußern und diese angemessen zu berücksichtigen ist* (Artikel 12), dass das Kind das Recht auf seine *Gedanken- und Gewissensfreiheit* hat (Artikel 14, Absatz 1) und es *keinen willkürlichen Eingriffen in sein Privatleben, seiner Ehre oder seinen Ruf* ausgesetzt sein darf. Ein Lächerlichmachen des Kindes – in Ab- oder Anwesenheit anderer-, unter Inkaufnahme der Verletzung seines persönlichen Schamgefühls ist damit nicht nur persönlichkeitsverletzende Irritationen für das Kind, sondern auch Gesetzesbruch von Erwachsenen. Und was heißt es schließlich, wenn in Artikel 31 zu lesen ist, dass das *Kind das Recht auf Ruhe und Freizeit, auf Spiel und altersgemäße aktive Erholung hat* (Artikel 31, Absatz 1) und gleichzeitig die Welt der Kinder innerhalb und außerhalb vieler Kindergärten mit zeitgeteilten, vollgestopften Programmen ausgefüllt ist/wird?

Kinder haben Rechte – unmissverständlich und uneingeschränkt. Menschenrechte, die wir uns als Erwachsene häufig nehmen, weil wir Erwachsene sind. Die Herleitung der Begründung mag lächerlich sein – nur ist sie so. *Kinder müssen wie menschliche Wesen behandelt werden – Wesen, die in ihrer Verschiedenheit einzigartig, komplex und anmutig sind* (Hall-Denis-Report). Fragen, die sich direkt für die Praxis ergeben können, sind zum Beispiel:

- Behandeln wir Erwachsene Kinder tatsächlich wie mündige Menschen oder eher wie unmündige Kleinlebewesen?

- Akzeptieren wir Kinder in ihrer Verschiedenheit von- und zueinander tatsächlich, und können wir diese Verschiedenheit auch real aushalten?

- Sehen wir tatsächlich in Kindern einzigartige Individuen, oder ist es nicht doch manches Mal unser mehr oder weniger heimlicher Wunsch, dass Kinder zu eher unauffälligen und angepassten Sozialwesen erzogen werden?

- Gestatten wir es Kindern tatsächlich, ihre komplexen – äußerst umfangreichen – Facetten zu entfalten, ihre umfangreichen und vielfältigen Farben in unterschiedlichen Situationen in unterschiedlicher Ausprägung auszuleben? Oder sind wir es nicht, die dem Bild einer „einheitlich stimmigen" Person eines Kindes nachtrauern und diese durch Erziehung erreichen wollen?

- Sehen wir in den vielen Kindern, die uns mit ihrer Schroffheit, Bösartigkeit, Trauer, ungezügelten Wut und ihrem innerem Leid täglich begegnen, auch noch die anmutigen Persönlichkeiten, die alle auf ihre ureigene Art zu achten und wertzuschätzen sind?

Fragen, die sicher nicht zu schnell mit einer definitiven Antwort belegt werden sollten, steckt in der Schnelligkeit der Beantwortung doch häufig der Fehler allzu schneller persönlicher Abwehr. Umso deutlicher ist die Aussage von Maria Montessori, der weisen Dame der real-kindorientierten Pädagogik, zu verstehen, wenn sie sagt: *Die Aufgabe der Umgebung ist es nicht, das Kind zu formen, sondern ihm zu erlauben, sich zu offenbaren.*

Gestatten wir es Kindern tatsächlich, sich in ihrer Unterschied-lichkeit zu uns, mit ihren anderen Meinungen und Ideen, mit ihren unterschiedlichen Bewertungen von Situationen und entgegen-gesetzten Ansichten tatsächlich zu offenbaren? Sorgen wir aktiv für eine Atmosphäre im Kindergarten, in der eine Offenbarung geschehen kann, einer Atmosphäre, die geradezu Offenbarung provoziert, weil eine Atmosphäre der Akzeptanz und Wertschät-zung die Räume der Beziehungen ausfüllen?

Kinder haben Rechte und sicher vollzieht sich die Wahrnehmung von Rechten immer im weiten Feld von Regeln und Ordnungen. So sei aber auch an dieser Stelle an den hervorragenden Artikel von Erika Kazemi-Veisari in *Kindergarten heute* erinnert, in dem es um den „Sinn und Unsinn von Regeln in Kindergarten und Familie" geht. Und besonders gern erinnere ich mich an eine Aussage im II. Vatikanischen Konzil, wo folgender denkwürdige Satz formuliert wurde: *Die Ordnung der Dinge muss der Ordnung der Person dienstbar gemacht werden und nicht umgekehrt.* Anders ausgedrückt: Die innere Ordnung des *Proletariats auf kleinen Füßen,* wie sicherlich mit Recht der größte Reformpädagoge des letzten Jahrhunderts, Dr. Janusz Korczak, die Gruppe der Kin-der bezeichnet hat, ist Ausgangspunkt für die Ordnung dieser Welt, weil wir von Kindern unendliche Schätze der Offenheit, der Direktheit, ja die Welt des Lernens wahrnehmen und erfahren können. Die Ordnung der Dinge zerstört diesen Reichtum oft gnadenlos, und dies wird mithilfe von Erwachsenen tagtäglich weiter vollzogen.

Die Freiheit ist dann erlangt, wenn sich das Kind seinen inneren Gesetzen nach, den Bedürfnissen seiner Entwicklung entsprechend, entfalten kann. Das Kind ist frei, wenn es von der erdrückenden Energie des Erwachsenen unabhängig geworden ist. Wer dies ge-sagt hat, ist kein späterwachter „Achtundsechziger", sondern ebenfalls Maria Montessori. Hätten Sie es gedacht?

Beispiele, die betroffen machen ...

Gewalt gegen Kinderseelen in Kindergärten durch (un)bewusste Machtausnutzung von erwachsenen BerufspädagogInnen mag sich zunächst einmal widersprüchlich und von daher unglaublich anhören. Sicher: Es geht hier nicht um „blaue Flecken", die durch Schläge entstanden sind. Es handelt sich nicht um sichtbare Wunden, die durch körperliche Gewaltanwendungen sofort erkennbar sind. Nein: Hier handelt es sich um „blaue Flecken", die die Seele abbekommen hat, um Wunden und Risse in der Seele, die vielleicht zunächst nicht direkt erkannt werden. Blaue Flecken, Risse und Wunden sind es allemal – nicht weniger schlimm als deutlich erkennbare Hämatome.

1. Beispiel: Hanna, fünf Jahre alt, war im Spätwinter dieses Jahres – obgleich von der Jahreszeit „Winter" kaum gesprochen werden konnte, da weder Kälte noch Schnee Einzug ins Land gehalten hatten – während der „angeleiteten Beschäftigung" von ihrer Erzieherin aufgefordert worden, sich an den Tisch zu den anderen Kindern zu setzen. Hanna tat dies nur ungern, weil sie lieber an dem Fenster des Gruppenraums stand und sehnsüchtig nach draußen schaute. Ihr wurde dann gesagt, sie „möge doch bitte", so wie die anderen Kinder, auch auf einem Karton Gegenstände des alltäglichen Gebrauchs aufmalen, um sie dann auszumalen und auszuschneiden. Dies mit der Absicht der Erzieherin, dass dann die auf- und ausgemalten Gegenstände ausgeschnitten auf einen schematisierten Pappkoffer aufgeklebt werden sollten. Es ging um das Thema „Wir packen unseren Koffer für eine Winterreise in die Berge – welche Gegenstände nimmst du mit?".

Hanna nahm sich ein Stück Karton und malte es voller Kritzel. Die Erzieherin fragte deutlich nach, was das denn sei, und Hanna antwortete etwas versteckt und zurückhaltend: „Das ist der Wind – den nehme ich auf meine lange Reise mit." Die Erzieherin versuchte Hanna klarzumachen, dass der Wind nicht in einen Koffer eingepackt werden könne, und nachdem das Mädchen ihr „doch" entgegensetzte, begann ein Wortgefecht auf der Grundlage eines Machtkampfs, so, wie es Tausende Male am Tag zwischen Erwachsenen und Kindern stattfindet. Hanna gab schließlich ihren starken Wunsch, den Wind zu malen und einzupacken, auf und zeichnete einen Pullover, so, wie es gewünscht wurde, auch wenn es ein Pullover aus Dutzenden von fest aufgedrückten Kritzeln war.

Gegen Mittag fiel dann plötzlich auf, dass Hanna nicht mehr im Gruppenraum, nicht im Kindergarten und auf dem Gelände zu finden war. Erzieherin und die Leiterin des Kindergartens bestimmten die Praktikantin zur „Gruppenaufsicht" und fuhren selbst mit dem Auto durch die Stadt, in der Hoffnung Hanna zu finden. Aufregung und Hektik bestimmten die Atmosphäre. Kurze Zeit später kam Hanna allein zurück in die Gruppe, legte ihre zusammengehaltenen Hände in die der Praktikantin und fragte sie, was sie glaube, dort drinzuhaben. Die Praktikantin, verständnisvoll und kindorientiert, vermutete den „Wind", und Hanna strahlte übers ganze Gesicht. Ja, sie forderte die Praktikantin zusätzlich auf, in ihre Hosentaschen zu fassen, um auch dort „ihren Wind" zu merken. Im Umdrehen merkte Hanna dann leise an, dass man „den Wind doch mitnehmen und einpacken kann" – sie hat ihn draußen gefangen und eingesteckt und nun male sie ihren Wind.

Erzieherin und Kindergartenleiterin kamen schließlich von ihrer Suchtour zurück, besorgt und verwirrt, voller Sorge um die Verletzung ihrer Aufsichtspflicht und den Folgen. Kaum sahen sie Hanna, fragten sie das Mädchen, wo es denn war und überhäuften sie gleichzeitig mit Vorwürfen. Hanna erzählte nichts! Gar nichts! Nachdem die Leiterin dann anmerkte, sie müsse das Hannas Eltern sagen, setzte sie sich in die Puppenecke und fing heftig an zu weinen.

Hier hatte Hanna nicht das Recht, sich in ihren Bildern zu äußern, sich mit ihrem nach außen getragenen Bild des Windes – die Psychologie und Bedeutung dieses Symbols ist vielen sicher bekannt – zu offenbaren. Hier wurde Hanna in ihren Grundrechten beschnitten.

2. Beispiel: Der Blick in den Speiseraum, in dem Kinder einer Tagesstätte zu Mittag aßen, bot folgendes Bild: Einige Kinder saßen an Vierertischen, den Blick nach vorn gerichtet, schweigsam, stumm. Vor ihnen standen ihre Teller mit der Mittagsspeise, die teilweise schon kalt geworden war, weil die Regel bestand, erst dann mit dem Essen zu beginnen, wenn alle Kinder mit ihrem Essen an den Tischen sitzen. Die Zeit verstrich – ein Blick auf die Uhr ergab inzwischen eine Wartezeit von zwölf Minuten. Und immer noch waren nicht alle Kinder zusammen, weil es an der Essensausgabe der Küche irgendwelche Verzögerungsschwierigkeiten gab.

Kinder, die sich unterhalten wollten, wurden von der umhergehenden Erzieherin mit einem kräftigen „Psssssst" zurechtgewiesen. Gleichzeitig standen zwei Erzieherinnen an den beiden Eingängen, mit auf dem Rücken gekreuzten Armen aufrecht und fest, um das Verhalten der Kinder zu beobachten; eine wahrlich gespenstische, unwirklich wirkende Situation. Zu alledem passierten zwei „Vorfälle": Zum einen bestand die Regel, alles auf dem Teller aufzuessen, was zur Folge hatte, dass ich beobachten musste, wie ein ca. sechsjähriger Junge sein Essen nicht schaffte und mit verängstigtem Blick im für ihn passenden Augenblick das nicht geschaffte Restessen in seine Hosentasche stopfte. Zum anderen musste sich ein ca. fünfjähriger Junge, der mit dem Essen ein wenig kleckerte, anhören, was die Erzieherin zu ihm lauthals vor allen anderen Kindern sagte: „Wer so frisst wie du, ist nicht besser als ein altes Schwein." Der Junge begann, vor sich hinzuweinen.

Hier wird in klarer Weise gegen das Grundrecht (Artikel 1) verstoßen, indem beiden Kindern ihre Würde schlichtweg aberkannt wird, in einer Weise, die sicherlich an die dunkelsten Tage schwarzer Realpädagogik erinnert.

3. Beispiel: Eine Erzieherin, eine Kinderpflegerin, eine Praktikantin und 19 Kinder sitzen alle an ihren Frühstückstischen. Hannes und Anna albern miteinander, wobei Hannes Anna des Öfteren anstößt und beide anschließend herzlich lachen. Daraufhin sagt die Kinderpflegerin: „Wenn ihr nicht sofort aufhört, dann knallt es." Anna und Hannes werden für einen kurzen Augenblick leise. Sie hören auf zu essen und stecken sich gegenseitig die Zungen raus. Beide wiederholen es, lachen und haben offensichtlich Spaß miteinander.

Die Kinderpflegerin wird rot und sagt: „Hannes, wenn du nicht gleich aufhörst und vernünftig weiterisst, dann werde ich dich füttern." Hannes antwortet: „Das ist mir doch egal, mach doch", und reißt weiterhin seine Grimassen. Die Kinderpflegerin steht auf, geht zu Hannes und fährt ihn lauthals an: „Wer nicht hören will, muss fühlen", nimmt sein Brot, zwingt ihn mit Daumen und Zeigefinger einer Hand zum Öffnen des Mundes und schiebt ihm mit den Worten „Das hast du jetzt davon, hoffentlich ist es dir eine Lehre" das ganze Brot auf einmal rein. Dazu sagt sie: „Wenn du möchtest, dann kann ich dich gern weiterfüttern." Hannes scheint völlig verstört zu sein und flüstert ganz leise: „Nein, ich esse ja weiter." Die Kinderpflegerin setzt sich wieder auf ihren Stuhl, wobei alle Kinder und Erwachsenen am Tisch völlig leise sind.

Auch hier wird in gleich klarer Weise wie im 2. Beispiel gegen die unantastbare Würde eines Kindes gröblichst verstoßen.

4. Beispiel: Gemeinsames Frühstück im Kindergarten; alle 25 Kinder sitzen zusammen mit zwei Erzieherinnen, einer Musiklehrerin und zwei Praktikantinnen an Sechsertischen, wobei die Kinder und die Erwachsenen jeweils für sich an ihren Tischen frühstücken. Die Erwachsenen unterhalten sich angeregt, ihre Lautstärke schwillt an, mit der Folge, dass sich auch die Kinder stimmgewaltiger unterhalten.

Eine Erzieherin erzählt, dass sie wegen privater Sorgen sehr wenig Schlaf die letzten Nächte gefunden hat, dabei schaut sie sich im Gruppenraum um. Sie steht von ihrem Stuhl auf, geht zu einem fünfjährigen Mädchen und fordert es auf, die Milch schneller auszutrinken. Andere Kinder sind zu diesem Zeitpunkt auch noch nicht mit ihrem Frühstück fertig. Die Erzieherin setzt sich dann wieder an ihren Tisch, steht aber nach einigen Minuten wieder auf und geht schnurstracks erneut zu dem Mädchen hin. Ohne ein Wort zu sagen, hält sie das Kind mit der linken Hand im Nacken fest, setzt ihm das Glas mit der Milch an den Mund und fordert lauthals: „Schlucken, schlucken!" Als das Glas geleert ist, stellt sie dieses auf den Tisch und geht zu einem anderen Kind. Es ist mucksmäuschenstill im Gruppenraum.

Anmerkung: Drei Tage später reagiert das Kind mit Hautausschlag im Mundbereich, nachdem es zu Hause Milch trinken sollte. Die Mutter wandte sich daraufhin Rat suchend an die Erzieherin, die dem Mädchen im Kindergarten eigenhändig unter Zwang die Milch einflößte. Besprochenes Thema „Die Zunahme plötzlich auftretender Eiweißallergien bei Kindern"!?!

Auch hier wird die Unantastbarkeit der Würde des Kindes gebrochen und die Freiheit des Kindes, selbstbestimmt das Tempo seines Trinkens zu gestalten, völlig negiert.

5. Beispiel: Am letzten Tag der Praktikantinnen sind die Kinder in der Kindergruppe schon etwas aufgeregt, weil sie merken, dass es sich um einen besonderen Tag handelt. Die Kinder laufen umher, spaßen miteinander, necken sich und sind in ihrer Ausdruckskraft sicher auch lauter als sonst. Die Gruppenerzieherin ist genervt, bezeichnet die Kinder als „kaum zum Aushalten".

Inzwischen zeigt die Uhr 10.15. Die Kinder werden zum Zähneputzen aufgefordert. Ausnahmslos sind die Kinder damit einverstanden und laufen in den Wasch- und Toilettenraum. Die Praktikantin ordnet in dieser Zeit den Gruppenraum. Auf einmal betritt die Erzieherin mit hochrotem Gesicht wieder den Raum und hat Volker grob/fest regelrecht unter ihren Arm geklemmt. Sie macht die Terrassentür auf, stellt Volker in den Regen und schreit ihn an, dass er sich nun draußen in der Kälte ausschreien könne so viel er wolle: Im Waschraum herrsche jedenfalls Ruhe. Anmerkung: Die Praktikantin geht – trotz bestehender Regel der konsequenten Einhaltung einmal gefällter Erwachsenenentscheidung – zu Volker, fragt ihn, was denn geschehen sei und holt ihn aus der an diesem Tage herrschenden bitteren Kälte wieder rein. Volker sagt, dass er selbst nicht wisse, was er verbrochen habe – wie sich später ergibt, hat er lediglich „Indianergeräusche gejohlt". Volker umarmt dann die Praktikantin, klammert sich ganz fest an sie und fleht sie an: „Bleib bitte bei mir, und lass mich nicht allein."

Wie es Volker wirklich ergangen ist und wie er den Rauswurf erlebt hat, zeigte sein anschließendes Rollenspiel, in dem er die Praktikantin bat, Patientin zu sein. Er selbst „spielte" den Chefarzt und meinte, er müsse nun der Patientin den ganzen Rücken aufschneiden, um ihr Rückgrat herauszuholen. Welch eine Symbolik und wie viel Schmerz vollzieht sich offenbar in Volkers Seele. Die Würde des Kindes ist unantastbar – dieses Grundrecht wird an Volker ausgesetzt.

6. Beispiel: Matthias, fünf Jahre alt, besucht den Kindergarten am Vormittag. Er ist ein Junge, der seine Werk- und Malarbeiten mit größter Sorgfalt zu erledigen versucht, doch Vieles will ihm einfach nicht gelingen. Die GruppenerzieherIn hat vor, mit den Kindern eine Bastelarbeit anzufertigen, die als Weihnachtsgeschenk für die Eltern gedacht ist. So werden die Kinder aufgefordert, zunächst einen Weihnachtsmann mit einem Pferd zu malen, um diesen dann mit vorsichtigen Farbtupfen auszumalen.

Als Matthias an den Tisch gerufen wird, weigert er sich zu kommen: Er wolle seinen Eltern nichts schenken. Die Erzieherin drückt ihm, nach dem sie ihn an den Tisch geholt hat, einen dünnen Pinsel in die Hand und legt ihm zwei Vordrucke als Vorlage hin. Matthias fügt sich den Anforderungen, doch sehen sein Weihnachtsmann und sein Pferd keiner der Vorlagen nach Einschätzung der Erzieherin ähnlich. Sie nimmt daraufhin das Blatt weg, zerreißt es, wirft die Fetzen in den Papierkorb und legt ihm ein neues Blatt Papier hin mit derselben Aufforderung. Matthias bekommt es wieder nicht besser hin. Daraufhin hält die Erzieherin das Blatt in die Höhe, fordert die anderen Kinder auf, dem Matthias einmal ganz genau zu sagen, was wirklich nicht gut sei und wo er einfach „besser werden müsse". Matthias blickt mit traurigen Augen auf den Boden und weint leise in sich hinein.

Auch an dieser Stelle soll es nicht um eine Beurteilung des Versagens von Grundrechten gehen, sondern vielmehr fallen mir dazu zwei Aussagen von Dr. Janusz Korczak ein. Zum einen meint er: *Alle Tränen sind salzig. Wer das begreift, kann Kinder erziehen. Wer das nicht begreift, kann sie nicht erziehen. Und an anderer Stelle schreibt Korczak: Der Erzieher nimmt etwas nicht ernst genug, er hat kein Vertrauen, er ist argwöhnisch, er untersucht, er ertappt, rügt, beschuldigt und straft, er fahndet nach geeigneten Methoden, Schlimmes zu verhüten! Immer häufiger greift er zu Verboten und rücksichtslosen Zwangsmaßnahmen und er sieht nicht, wie das Kind sich bemüht, ein Blatt Papier und damit eine Stunde seines Lebens sorgfältig zu beschreiben.*

Weitere Beispiele könnten in langer Reihe folgen: Da wird ein Kind, das sich bei der angeleiteten Beschäftigung unaufmerksam verhält, von der Erzieherin auf einen großen Tisch gestellt bei gleichzeitiger Wegnahme der Stühle und in Kenntnis, dass dasselbe Kind Angst vor Höhen hat. Da wird in einem Kindergarten ein fünfjähriges Mädchen, das mit seinen „Zeichenkünsten" nicht den Erwartungen der Erwachsenen entspricht, im Flur des Kindergartens vor den großen Spiegel gehoben, so, dass es sich ganz sieht, und mit den Worten bombardiert: „Schau dich an, wenn jemand so aussieht wie du, dann ist es gut zu verstehen, dass er nichts kann." Da wird den Eltern von Kindern, die als „störrisch und verhaltensgestört" gelten, in eigener Anwesenheit und der der Eltern vorgeschlagen, doch einmal die „Festhaltetherapie" zu versuchen. Das Buch liege im Kindergarten auf dem Tisch „empfehlenswerter Literatur" aus (eine direkte Anleitung zum Brechen von kindeigener Selbstständigkeit und Autonomie). Da werden Kinder in Kindergärten von ihren Eltern gebracht, obgleich sie körperlich krank sind und dringend elterlicher Fürsorge bedürfen, mit einem berechtigten Anspruch, einmal ganz intensiv wahrgenommen, ernst genommen und verwöhnt zu werden. Stattdessen werden Medikamente in Kinder eingeflößt unter Missachtung der Bedeutung und Notwendigkeit gerade dieser Krankheit zu diesem Zeitpunkt. Beispiele über Beispiele, die das Drama der Ohnmacht von Kindern drastisch dokumentieren.

Gewalt gegen Kinderseelen sind keine Ausnahmen – nicht innerhalb und außerhalb von Kindergärten. So wurde sicher zu Recht in das Gesetz *zur Förderung von Kindern in Tageseinrichtungen und Tagespflegestellen in Schleswig-Holstein,* das am 1.1.1992 in Kraft trat, in dem Paragrafen 5, Absatz 8, der Passus aufgenommen, dass *erzieherische Maßnahmen, die das Kind entwürdigen, (...) verboten sind.* Besonders betroffen macht es da, wenn auf einer Dienstbesprechung Evang. KindergartenleiterInnen in Schleswig-Holstein der Leiter einer großen Kindertagesstätte diesen Artikel hervorhebt und sich befriedigt darüber zeigt, dass nunmehr „Gewalt gegen Kinder in Kindergärten auch arbeits- und strafrechtlich verfolgt werden kann" und gleichzeitig die Mehrheit der LeiterInnen mit einem schallenden Gelächter antwortet, dass es „Gewalt gegen Kinder in deutschen Kindergärten ja wohl nicht gebe". Statt Betroffenheit kommt es hier zu einer realen Verkennung von Situationen.

Sicher ist es nicht immer einfach, Gewalt in der Praxis zu definieren: Wo fängt sie an, wo hört sie auf? Doch finde ich es mehr als müßig, oberflächlich und geradezu gefährlich, den Begriff „Gewalt" exakt definitorisch zu erfassen, weil dieser Versuch vom Thema eigener Betroffenheit ablenken wird. Die Reaktion der ErzieherInnen mag vielerlei Ursachen haben:

- ☐ Vielleicht ist sie ein Ausdruck eigener Hilflosigkeit, weil die Betroffenen sich nicht in der Lage fühlen, kompetente Strategien gegen Gewalt zu ergreifen oder weil sie keine sachkompetenten Antworten zur Verfügung haben.

- ☐ Möglicherweise ist sie auch ein Ausdruck von Verdrängung.

☐ Sie kann auch ein Ausdruck bewusster Ablehnung von Realitäten sein, denn wer Gewalt wahrnimmt und nichts dagegen tut, muss sich im Sinne der Kinder automatisch schuldig fühlen.

Dem Autor dieses Artikels liegen diese und viele weitere Beobachtungsprotokolle/Berichte vor. Sicher ist es sinnvoll, die vielfältigen Möglichkeiten von Gewalt gegen Kinder auch in sozialpädagogischen Einrichtungen sorgfältig und sachlich im Team gemeinsam zu diskutieren. Damit nicht das passiert, was eine viel zu lange Zeit – und dies bis heute noch – auch in der Erörterung der sexuellen Misshandlung von Kindern geschieht: Es fällt uns schwer, begründet zu akzeptieren, dass in erster Linie Personen aus dem eigenen Haushalt oder Freunde der Erwachsenen Täter/innen sind. Wir hatten/haben gelernt, die Augen vor dem zu verschließen, was nicht sein durfte. Es ist dramatisch, wenn sich derselbe (!) Fehler in der Einschätzung der angeblichen Nichtexistenz von Gewalt in Kindergärten beispielhaft wiederholt. Empirische Untersuchungen zeigen, dass sich ein Großteil der pädagogischen Fachkräfte nicht vorstellen kann, dass Kinder in *ihrem* Kindergarten sind, die einer sexuellen Misshandlung durch Erwachsene ausgesetzt sind. Und dennoch ist es so, dass die Dunkelziffer existiert.

ErzieherInnen sorgen entscheidend dafür mit, mit welchen Mitteln und in welcher Standfestigkeit sich Kinder ihren „Bau des Selbstwertgefühls" errichten. Fjodor Abramow gibt uns dazu einen entscheidenden Hinweis, wenn er schreibt: *Das wichtigste Haus baut sich der Mensch in seiner Seele. Und es ist ein Haus, das nicht im Feuer verbrennt und nicht im Wasser untergeht. Dauerhafter ist es als alle Ziegelsteine und Diamanten.* Kinder haben ein Recht darauf, dass wir sie nicht daran hindern, ihr Haus zu bauen, sondern sie vielmehr – stimmig mit unserer eigenen Person – kompetent in ihrer Entwicklung begleiten, ihr stabiles Haus in ihrer Seele Stück für Stück zu errichten. Dazu sind selbstverständlich auch entsprechende Rahmenbedingungen notwendig. Vor allem aber geht es in der „Verschlusssache ‚Gewalt gegen Kinderseelen'" in erster Linie um Entscheidungen der pädagogischen Fachkräfte, sich offen und ehrlich diesem heiklen Thema zu öffnen, es auf breiter Ebene zu diskutieren und der „Gewalt gegen Kinderseelen" offen und entschieden Einhalt zu gebieten und dies aus der Fähigkeit heraus, sich in die Opfer einzufühlen.

Genauso, wie wir bei der Problematik der sexuellen Misshandlung an Kindern von Opfern und Täter/innen sprechen, so darf uns die eigene Berufsehre nicht daran hindern, auch in dem Thema „Gewalt gegen Kinderseelen" den Begriff der Täter/innen hier plötzlich auszuklammern. *Wie kann man ein Kind in seinem Menschsein achten? Indem man ihm das Risiko eigener Erfahrungssammlung zugesteht, die einseitige Zukunftsorientierung zu Lasten der Gegenwart des Kindes aufgibt und die INDIVIDUALITÄT und IDENTITÄT eines JEDEN Kindes RESPEKTIERT* (Friedhelm Beiner).

„Hast du heute Zeit für mich?"

Sich bewusst Zeit nehmen, gemeinsam etwas unternehmen, auf Kinderbedürfnisse eingehen – das tut nicht nur der Entwicklung unserer Kinder gut, sondern kann auch uns Erwachsenen Anlass genug geben, sich einmal vom alltäglichen Zeitdruck zu befreien. Schon Kinder im Kindergartenalter haben heute oftmals einen vollen Terminkalender. Sie unterscheiden sich damit kaum noch vom gestressten Manager nebenan: Immer weniger freie Zeit, um intensiv zu leben, dafür einen Haufen fester Termine. Wen wundert es da, dass Kinder in immer früheren Lebensjahren die gleichen Symptome zeigen, die wir eigentlich nur von gehetzten Erwachsenen kannten: Gereiztheit, eingeschränkte Wahrnehmungsfähigkeit, Hektik und Konzentrationsmangel, Nervosität und eine latente Aggressionsbereitschaft. Wie wichtig ist eigentlich Zeit für unsere Kinder?

Als Gast habe ich viele Kindergärten besuchen können. Darunter gab es nicht wenige, in denen neben anderem auch das Thema Zeit eine Rolle spielte. Ich denke zum Beispiel an einen Kindergarten in Norddeutschland. Da kommen eines Tages ein paar Kinder ganz aufgeregt zur Gruppenerzieherin gelaufen. Jana trägt in der Hand einen toten Maulwurf. „Schau mal, wen wir da gefunden haben!", schreit sie ganz aufgeregt und erzählt von dem Fundplatz, dem weichen Fell, den „Buddelfüßen", den kleinen Knopfaugen und dem kurzen Stummelschwanz. Die Kinder beschließen, eine Grabstelle zu suchen und herzurichten. Mit viel Zeit und in aller Ruhe überlegen die Kinder, wo er den schönsten Grabstellenplatz haben kann, ob er in eine gepolsterte Kiste hineingelegt wird, ob sie ein kleines Kreuz zimmern sollen und ob Maulwürfe auch in den „Tierhimmel" kommen.

Die Kinder nehmen sich die Zeit, ihre aufgekratzten Gefühle gedanklich und sprachlich zu ordnen. Schließlich entscheiden sie sich, eine richtige Beerdigung durchzuführen. Dabei verteilen sie die Rollen, die jeder übernehmen soll, und sie schauen, ob sich dann auch jeder an die Absprachen hält. Ja, sie genießen ihre Fürsorge dem toten Tier gegenüber, vielleicht in der Hoffnung, dass auch ihnen einmal so viel Aufmerksamkeit geschenkt wird. Sie erkunden den besten Platz für das Begräbnis, wo der Maulwurf in Ruhe „weiterschlafen" kann, ohne Störungen ertragen zu müssen, und erleben sich ständig als aufmerksame Helfer. Besonders wichtig war für die Kinder die verstehende Begleitung der ErzieherInnen. Weder moralisierende noch bewertende Erwachsenenäußerungen bestimmten die Aktivitäten, es gab auch nichts Wichtigeres zu tun und nichts Eiligeres zu erledigen. Vielmehr geben zeitintensives Zuhören und Miteinanderreden den Kindern das sichere Gefühl, richtig zu handeln. Zeit ist keine Schnellstraße zwischen Wiege und Grab, sondern Platz zum Parken in der Sonne – ganz nach diesem Motto haben die ErzieherInnen den Kindern Zeit gelassen, genügend Zeit, gefüllte Zeit, Zeit, Dinge auf dieser Welt zu erleben, die für ihre Entwicklung wichtig sind.

Zukunftsplanungen behindern das Erleben der Zeit

Kinder sind heute den unterschiedlichsten Stressanforderungen ausgesetzt: den Ansprüchen, „vernünftig" zu sein, der Bilderflut der Medien, dem Lärm in den Straßen und Geschäften, der Enge in den Kindergartenräumen, der zum Teil völlig verplanten Zeit durch

Sport- oder Musikkurse, Sprach- und Motopädiebehandlungen und zusätzliche Spielgruppen. Hinzu kommen die oft arg eingeschränkten Bewegungsräume in ihrem natürlichen Lebensumfeld wie eng bebaute Plätze, einschränkender Straßenverkehr und Grünflächen, die nach Ansicht einiger wohl zu schön sind, als dass Kinder darauf spielen dürften.

Kinder treffen damit auf eine Welt, die ihnen Raum und auch Zeit nimmt, die für ihre Entwicklung so wichtigen Erfahrungen zu machen. Das hat unter anderem zur Folge, dass Kinder sehr viele Eindrücke (!) nur noch ganz selten mit der von ihnen benötigten Zeit verarbeiten können und somit gezwungen sind, diese „zur Seite zu drängen", weil ständig neue Eindrücke hinzukommen. Um mit einem Bild zu sprechen: Kinder sind immer mehr gezwungen, ihre Erlebnisse und Erfahrungen in ihren aufgeschnallten Rucksack abzulegen. Dieser allerdings wird bei der Menge der Eindrücke immer voller und schwerer, mit dem Ergebnis, dass die „Last" der abgelegten Eindrücke immer stärker eine gerade Körperhaltung verhindert. In diesem Zusammenhang sei zum Beispiel nur an die Zunahme der psychosomatisch bedingten Rückenschmerzen erinnert.

Wer Kinder hat, der weiß, dass Vorsorge notwendig und jegliche Förderung für das eigene Kind wünschenswert ist. Doch auch hier gibt es ein Übermaß, gibt es viel zu weitreichende Pläne der Eltern für die Zukunft ihrer Kinder. Die bald anstehende Schulzeit dient dann als Begründung für eine leistungsorientierte Vorschulerziehung, ein vielleicht noch etwas holpriges Sprachverhalten als Anlass für eine oftmals überstürzte Sprachbehandlung, für die ach so notwendige Vorbereitung auf das wirkliche Leben müssen Spielzeiten eingeschränkt werden und damit sich etwa zeigende Begabungen auch so früh wie möglich „genutzt" werden können, müssen sie – noch bevor sie sich richtig entwickelt haben – in zahlreichen Kursen und Seminaren gefördert und ausgebaut werden. Je drängender aber Eltern in dieser Weise ihre Kinder fördern, desto weniger haben diese für eine Entwicklung Zeit, die ihren inneren Gesetzmäßigkeiten und ureigenen Bedürfnissen

Rechnung trägt. Automatisch werden Hektik und Stress zu erlebten „Zeitzeugen", die zum Alltag von Kindern gehören.

Entwicklung verstehen lernen

Vielleicht haben wir als Erwachsene es schon verlernt, die eigentliche Bedeutung des Begriffs „Entwicklung" zu verstehen. Denn werden wir danach gefragt, was wir mit diesem Wort verbinden, so lautet die Antwort oft: „Förderung von ..." Dabei sollten wir lieber den Begriff in seiner ursprünglichen Bedeutung verstehen, und das geht am einfachsten, wenn wir in das Wort einen Bindestrich aufnehmen: Ent-wicklung. Kinder leben in ständigen Verwicklungen und sind vielleicht mit einem Wollknäuel zu vergleichen. Das Wachstum von Fähigkeiten der Kinder gelingt dort am besten, wo Kinder ausreichend Zeit haben, sich auf das zurückzubesinnen, was war, was sie beschäftigt hat und was sie nicht verstanden haben. Immer geht es dabei um Vergangenheitsbearbeitung, und Kinder kennen dazu sehr wohl ihre Wege: Rollenspiele, das Freispiel (= sich von etwas freispielen), Konstruktions- und Bauspiele, Plan- und Bandenspiele, Sing- und Bewegungsspiele. Kindern ihre Spielformen wegzunehmen oder sie einzuschränken – gerade durch eine wie auch immer gestaltete vorgezogene leistungsorientierte Schulpädagogik im Kindergarten – hieße, sie in ihren Möglichkeiten, sich zu entwickeln, zu bremsen. Kinder leben in der Gegenwart – was zählt, ist für sie der Augenblick des Staunens, des Ausprobierens, des Beobachtens, des Wagens oder Zurückhaltens. Kinder nehmen sich dafür Zeit. Wir Erwachsenen haben die – etwas zweifelhafte – Macht, ihnen diese zu schenken – oder zu verweigern.

Immer häufiger klagen ErzieherInnen und GrundschullehrerInnen darüber, dass im Verhalten von Kindern Konzentrationsstörungen, fehlende Belastbarkeit, gestörte Aufmerksamkeit oder Ablenkungen zu beobachten sind. Das verwundert nicht, ist es doch ein entwicklungspsychologisches und -physiologisches Gesetz, dass eine fehlende „innere Ruhe" auf diese und andere Weise zum

Ausdruck (!) kommt. Kinder, die keine Zeit haben, sich mit eigenen Stärken und Schwächen, Neugierdeverhalten und Mitbestimmung zu erfahren, steigen regelrecht innerlich aus. Und dort, wo sich die Seele unverstanden fühlt/fühlen muss, fängt der Körper an zu rebellieren und reagiert entsprechend mit besonderen Symptomen.

Umgang mit Zeit – eine Frage an uns Erwachsene

Kindern Zeit zu schenken ist eine Notwendigkeit – und das nicht nur um unserer Kinder willen. Allerdings fängt die Antwort auf die Frage nach dem Zeiterleben damit an, wie wir als Erwachsene mit Zeit umgehen und auch uns selbst mit Zeit versorgen. Nehmen wir uns eigentlich selbst die Zeit auszuspannen und Ruhe zu genießen, Dinge in ihrer Einmaligkeit zu begreifen: das Wachsen von Pflanzen, das Knospen der Bäume, die oft staunenswerten Aussagen unserer Kinder über diese Welt? Können wir eigentlich noch staunen über die Entwicklung unserer Kinder? Haben wir Zeit, das Leben in der Familie sorgsam mitzugestalten, die Wünsche und Bedürfnisse anderer zu verstehen und mit ihnen Zeit als etwas sehr Schönes zu erfahren?

Vielleicht sollten wir uns selbst einmal an die Situationen unserer Kindheit zurückerinnern, in denen wir uns richtig wohlgefühlt haben. Ich selbst habe nie vergessen, dass meine Eltern mir und meiner Zwillingsschwester im Kindergarten- und Grundschulalter fast täglich am Abend etwas vorgelesen haben, und bis heute bin ich ein großer Freund bekannter und unbekannter Märchen. Mir fallen Situationen ein, in denen mein damaliger Grundschullehrer mit uns Kindern Naturwanderungen gemacht hat und uns die Flora und Fauna der umliegenden Wälder sehr praktisch und mit viel Zeit nahegebracht hat. Bis heute bin ich ein großer Natur- und Gartenfreund. Ich sehe noch vor mir, wie mein Vater trotz seiner Berufstätigkeit mit mir gespielt und gewerkt hat; bis heute spiele ich unendlich gern mit Kindern wie mit Erwachsenen. Das Werkeln und Reparieren im Haushalt fordert mich noch heute heraus. Über

Stunden kann ich mich einer Aufgabe stellen, weil sich Eltern, Bekannte und Verwandte Zeit nahmen und mir Zeit gaben, diese Welt zu entdecken! Gemeinsame Zeit, die mich geprägt hat. Wie schön wäre es da, wenn Micha Hilgers mit seiner Aussage unrecht hätte, wenn er schreibt: *Da ist noch etwas, vielleicht das Wichtigste und Schmerzlichste, was gesagt werden muss: Der unüberwindbare Unterschied zwischen uns Erwachsenen und unseren Kindern ist der: Kinder haben mehr Zeit!*

Konsequenzen für den Umgang mit der Zeit

Ausreichend Zeit haben – das ist also unbestritten noch immer die Voraussetzung dafür, dass unsere Kinder Fähigkeiten entwickeln und Erfahrungen machen können, die heute noch ebenso wichtig sind, wie sie es in der Vergangenheit waren. Ein genügendes Maß an Zeit trägt dazu bei, dass viele körperliche Irritationen, seelische Verwirrungen und gedankliche Einbahnstraßen überflüssig werden und damit die Konzentration auf das Wesentliche im privaten und beruflichen Leben bei Erwachsenen möglich wird.

Zeit gibt Kindern die Chance, ihr Umfeld zu begreifen, an bedeutsamen Erlebnissen zu verweilen und eine Entwicklung in Ruhe zu erleben, die Ausgeglichenheit, Zufriedenheit und Aufmerksamkeit für andere Menschen aufbaut. Wer sich selbst und Kindern die Zeit stiehlt, trägt auch die Verantwortung für eine Gegenwart und Zukunft, in denen Kinder sich immer weniger als gern gesehene Gäste erleben können. Eine ganz wesentliche Frage ist vor allem die: Gestalte ich aktiv und besonnen die Zeit mit mir und anderen – oder gestaltet die Zeit mich und mein Leben? Werde ich gelebt, lasse ich mich leben – oder ist die Zeit für mich ein Geschenk, das gemeinsam zu gestalten sich lohnt, auf das und an dem wir uns mit unseren Kindern freuen, für das wir gern sorgen und jeden Tag neu als ein Geschenk begrüßen? Vielleicht gelingt es uns so immer mehr, auf die Kinderfrage „Hast du heute Zeit für mich?" häufiger mit einem „Ja" zu antworten und sich dann von den strahlenden Augen eines Kindes anstecken zu lassen.

Spielen und Lernen

Zusammenhänge zwischen Spielfähigkeit und Schulfähigkeit bei Kindern im Kindergartenalter

Eingangsüberlegungen

Gerade das Thema Spiel(en) gleicht aufgrund der Häufigkeit seiner Bearbeitung fast einem „ausgelatschten Schuh", weil kaum eine Woche vergeht, in der nicht ein Buch über das „Spiel" veröffentlicht wird und fast keine Fachzeitschrift der Pädagogik darauf verzichtet, zumindest einmal in ihrer Ausgabe zum Phänomen „Spielen" Stellung zu beziehen. Spielseminare werden veranstaltet. Spielemessen durchgeführt, Spielpädagogik in Schulen unterrichtet, und Spielmittelvertreter bieten immer neuere Produkte an. Wo also hingeschaut wird, begegnet uns der Begriff „Spiel". Einerseits scheint eine ungeheure Faszination von dem Wort auszugehen, andererseits birgt es ungeahnte Möglichkeiten, sich damit zu beschäftigen.

Tja, und nun dieser Artikel: Was kann er schon Neues bringen, ohne alte Kamellen aufzuwärmen, und warum lohnt es sich, ihn zu lesen? Die Antwort ist klar und unmissverständlich: Weil viele Veröffentlichungen das Phänomen „Spiel" zerschlissen, zu viele Aussagen das Thema verwässert und zu viele Menschen das „Spiel" zerredet haben. Was bleibt, ist nicht selten ein „Matsch von Aussagen", die wirklichkeitsfremd, zu abgehoben und letztlich unklar sind. Deshalb soll in dem Artikel ein Bereich besonders beachtet werden: bestehende Zusammenhänge zwischen Spiel- und Schulfähigkeit bei Kindern im Kindergartenalter.

Die Folgen häufigen „Aussagematsches" über das Spiel sind bedenklich und nicht selten in der Praxis des Kindergartens zu beobachten: Es werden zum Beispiel so unsinnige Trennungen gezogen zwischen dem „freien" und „gebundenen Spiel". Spiel wird als methodisches Mittel eingesetzt oder die Erklärungen von ErzieherInnen Eltern gegenüber, warum das Spiel für Kinder wichtig ist, sind ungenau und unvollständig. Außerdem sind Seminare zum Thema „Spiel" nahezu immer ausgebucht, obgleich ja davon ausgegangen werden kann, dass ErzieherInnen während ihrer Ausbildung in dieser Frage genügend Spielkompetenz erworben haben. Es verwundert in diesem Zusammenhang nicht, dass etwa acht von zehn Kindergärten, die einen Referentenelternabend durchführen, den Wunsch äußern, zum Thema dieses Artikels dezidierte Ausführungen zu hören.

Spielen ist Lernen – nicht mehr und nicht weniger

Wenn, wie wir wissen, die gesamte Denkentwicklung von Menschen daraus entsteht, wie häufig und intensiv sie als Kind aktiv gewesen sind/sein konnten, und wir gleichzeitig wissen, dass das gesamte Handeln von Kindern dazu dient, sich selbst als ein „selbstbestimmter Bewirker" zu erleben, sich in seinen Möglichkeiten und Grenzen zu erfahren, alte Erfahrungen auf neue Situationen zu übertragen und neue Erfahrungen zu bestaunen, dann heißt das zunächst einmal, dass das Tun für Kinder absolute Priorität vor allen anderen Äußerungsmöglichkeiten hat. Wenn wir zudem wissen, dass das Spiel die Hauptaktivität von Kindern ist – nicht das Reden oder Zuhören, nicht das Besprechen von irgendwelchen Situationen –, dann ergibt sich die logische Zusammenführung, dass das Spiel eine kindgemäße, von ihm selbst gewünschte und mit Erlebnissen besetzte Handlungsaktivität ist, die immer im Zusammenhang mit seiner Lebensumwelt verbunden und daher für das Kind ernst, bedeutungsvoll und real ist.

Nur durch Tätigkeit lernt ein Kind Verhaltensweisen, die es in sein Verhaltensrepertoire aufnimmt und damit in seine Persönlichkeit integriert. Daher nimmt es – in diesem Zusammenhang – nicht wunder, dass zum Beispiel viele Gespräche mit Kindern über irgendetwas in der Regel keine langfristigen Auswirkungen haben. Und dies den Kindern zum Vorwurf zu machen hieße, entwicklungspsychologische Schritte bei Kindern zu missachten. So heißt „Spielen" für Kinder, den eigenen, inneren Impulsen nach Aktivität zu entsprechen, bestimmte Handlungsmöglichkeiten zu erproben und seinen Verhaltensspielraum zu erweitern. Es erscheint in diesem Zusammenhang fast überflüssig zu sein, eindringlich darauf hinzuweisen, dass also der Begriff „Lernen" zunächst nichts mit „Intelligenzerweiterung", „Begabungsausbau" oder ähnlichen Begriffen zu tun hat, zumal – wie oben erwähnt – Kinder in ihrer Entwicklung mit/aus ihrem Spielen Verhaltensweisen (zum Beispiel Konzentration, Aufmerksamkeit) auf- und ausbauen. Spielförderung von Kindern im Kindergarten geht somit mit der Persönlichkeitsentwicklung und ihrer Fähigkeitenerweiterung Hand in Hand; Fähigkeiten, die sowohl für ihr eigenes Leben als auch für die Schule wichtig und bedeutsam sind. Die Entwicklung der Spielfähigkeit bei Kindern unterbrechen heißt, sie in ihrer Gesamtpersönlichkeitsentwicklung zu bremsen, Teilleistungsschwierigkeiten (zum Beispiel in der Sprache) zu provozieren und wesentliche Kompetenzen bezüglich der Schulfähigkeit zu beschneiden.

Spielfähigkeit als Voraussetzung zur Schulfähigkeit

Aufgrund der zuletzt vorgenommenen Aussage ist es nicht verwunderlich, dass zum Beispiel bei schulversagenden Kindern, die trotz durchschnittlicher, guter oder sogar sehr guter Begabung/

Intelligenz große oder größte Schwierigkeiten in der Schule zeigen, immer wieder folgende Daten auffallen:

- ☐ Sie wurden zu früh eingeschult.

- ☐ Sie wurden im Kindergarten und/oder zu Hause zu früh mit kognitiven Ansprüchen konfrontiert und damit überfordert und

- ☐ ein überaus großer Teil der Kinder ist in seiner Spielfähigkeit eingeschränkt.

Es kann in diesem Zusammenhang nicht Aufgabe sein, in besonderem Maße auf die ersten beiden Punkte einzugehen. Nur so viel sei kurz angemerkt: Häufig werden in der Beurteilung von Schulfähigkeit bei Kindern zwei Merkmale miteinander verwechselt: Begabung und Schulfähigkeit. Unter Begabung verstehen wir die Leistungskapazität von Kindern, also ihre Möglichkeiten, sich sprachlich auszudrücken, logisches Denken zu realisieren, Beziehungen und Gesetzmäßigkeiten zu erkennen oder Sinnzusammenhänge zu erfassen. Demgegenüber ist Schulfähigkeit etwas völlig anderes, nämlich neue und unbekannte Anforderungen aufgrund einer stabilen Selbstsicherheit neugierig und aufmerksam sowie angstfrei aufzugreifen und mit Interesse und Konzentration nach einer Lösung zu suchen und zu finden. Geht es bei der Begabung also um eine eher kopforientierte (= kognitive) Leistungsmöglichkeit, so zeichnet sich Schulfähigkeit durch eine reale, zu beobachtende Handlungsaktivität aus. Ein simpler Vergleich sei erlaubt: Eine Person mit Angst vor Hunden kann zwar wissen, dass ein bestimmter Hund nicht beißt, wird aber dennoch die Straßenseite wechseln, um ihm nicht zu begegnen. Das Wissen hilft der Person also nicht dabei, ihren Weg auf der Straßenseite mit dem Hund fortzusetzen. Oder: Ein Kind mit massiven Sprachschwierigkeiten weiß zwar, dass ihm nichts Ernsthaftes passiert, wenn es spricht und dabei stottert, schränkt seine Sprechhäufigkeit aber trotzdem immer weiter ein. Wissen (= Begabung) und Können (= Schulfähigkeit) sind daher immer zwei deutlich unterschiedliche Bereiche.

Zum anderen wissen wir, dass Kinder im Kindergartenalter – gerade aufgrund heutiger veränderter Lebenssituationen im Vergleich zu früheren Kindheitserfahrungen – vor allem darum bemüht sind, ihre besondere Lebenssituation zu begreifen, Erfahrungen zu verarbeiten, Enttäuschungen und „Unbegreiflichkeiten" (zum Beispiel Elternstreit, unverstandene Fernsehgeschichten) nachzuvollziehen und für sie offene Fragen zu beantworten. Kinder sind mit sich beschäftigt, ihrer Sicht von Wirklichkeit und ihrem Verständnis von Richtigkeit. Dabei stören letztendlich irgendwelche von Erwachsenen ausgearbeitete Denkaufgaben den Prozess der Kinder, sich zu definieren und umfassend zu begreifen.

Auch wenn vorschulische Arbeit von ErzieherInnen und Eltern mit noch so guten Absichten eingesetzt wird: Dies geht grundsätzlich an der Aufgabe des Kindergartens vorbei, entspricht nicht der Entwicklungsrealität von Kindern und bedingt langfristig genau das Gegenteil im Hinblick auf Intelligenzförderung. Verschiedene Untersuchungen belegen dies eindeutig. Leider ist dies schon lange bekannt, dennoch hält sich das Märchen von der „frühen Vorschulförderung als ein guter Start fürs Leben" weiterhin aufrecht mit dramatischen Folgen für Kinder.

Nun folgt eine entscheidende Beobachtung: Kinder, die in Teilbereichen oder auf ganzer Linie in der Schule versagen, zeigen in hohem Maße Einschränkungen in ihrer Spielfähigkeit. Umgekehrt ist es so, dass Kinder mit einer ausgesprochen guten Spielfähigkeit durchweg den Anforderungen in der Schule entsprechen. Natürlich können und müssen hier Vermutungen geäußert werden: Offensichtlich haben Kinder mit einer guten Spielfähigkeit Kompetenzen zur Verfügung, die notwendig für ihr Bestehen in der Schule sind. Gleichzeitig bringen kognitive Förderungsprogramme den emotionalen Entwicklungsprozess bei Kindern durcheinander, der wiederum dafür verantwortlich ist, dass sie in ihrem Aufbau der Spielfähigkeit gehandicapt werden. Und genau hier schließt sich der Kreis. Folgendes Schaubild mag dies verdeutlichen:

Eingeschränkte Spielfähigkeit, bedingt durch Geschehnisse/Situationen in der unmittelbaren Umgebung des Kindes	= eingeschränkte Schulfähigkeit

Im Gegensatz dazu:

Gute Spielfähigkeit bedingt durch kindgerechte Rahmenbedingungen im Kindergarten bezüglich des Spiels und einer hohen Wertschätzung durch die Eltern	= vorhandene Schulfähigkeit

Spätestens jetzt kommt die Frage auf, was denn unter Spielfähigkeit verstanden wird: Darunter verbirgt sich die grundsätzliche Fähigkeit (= Kompetenz), die Fülle der Spielformen, wie zum Beispiel Rollen-, Imitations-, Bewegungs-, Regel-, Fantasie-, Strategie-, Funktions-, Imaginations- und darstellendes Spiel, aktiv zu erleben und ohne und mit Material, allein und mit anderen Personen, langfristig und ausdauernd sowie mit Neugierde, Aufmerksamkeit und Konzentration belastbar eine Spielsituation zu gestalten. Selbstverständlich können sich Kinder nur dort spielend erfahren und verwirklichen, wo einerseits die gesamte Atmosphäre zum Spielen motiviert, andererseits Kinder genügend Raum zur Verfügung bekommen, in dem sie sich ernst genommen fühlen. Dies passiert dann, wenn Kinderbedürfnisse zum Ausgangspunkt der Pädagogik gemacht werden und nicht Eltern/ErzieherInneninteresse die Arbeit bestimmt.

Schulfähigkeit als Folge von Spielfähigkeit

Es fasziniert immer wieder, Verhaltensweisen bei Kindern zu beobachten, die viel und intensiv spielen, im Kindergarten, zu Hause und mit Freunden in deren Umgebung. Sie zeichnen sich zum Beispiel dadurch aus, dass sie in der Regel ausgeglichen, zuversichtlich, voller eigenem Vertrauen, bewegungsaktiv und -koordiniert, kontaktfreudig, ausdauernd und motiviert, sprachaktiv und kooperativ, wahrnehmungsoffen und aufmerksam, interessiert, neugierig und fantasievoll sind. Bringen wir diese Beobachtungen und weitere differenzierte Wahrnehmungen in ein Ordnungsraster im Hinblick auf grundsätzliche Kriterien zur Schulfähigkeit, so ergibt sich folgendes Bild: Schulfähigkeit ist definiert als ein Kompetenzgefüge mit folgenden Teilfähigkeiten:

Kognitive Schulfähigkeit, zum Beispiel

- Kinder zeichnen sich durch Konzentration, also Ausdauer und Genauigkeit aus;

- haben ein aktives Sprechverhalten;

- besitzen einen guten Sprachfluss, einen großen Wortschatz;

- denken in folgerichtigen Kausalzusammenhängen;

- können Informationen abstrakt und logisch weitergeben;

- besitzen eine gute Wahrnehmungs- und Beobachtungsfähigkeit.

Emotionale Schulfähigkeit, zum Beispiel

- Kinder sind gefühlsmäßig eher ausgeglichen;

- stehen neuen Anforderungen zuversichtlich gegenüber;

- haben Vertrauen in die eigene Person;

- verarbeiten Enttäuschungen eher ruhig und konstruktiv;

- können uneindeutige Situationen in gewissem Rahmen aushalten;

- zeigen eine hohe Anstrengungsbereitschaft.

Motorische Schulfähigkeit, zum Beispiel

- Kinder haben ein gutes Reaktionsvermögen;

- zeichnen sich durch eine gute visuellmotorische Koordinationsfähigkeit aus;

- können ihre Feinmotorik steuern;

- setzen grobmotorische Aktivitäten bewusst ein.

Soziale Schulfähigkeit, zum Beispiel

- Kinder haben eine altersentsprechende Toleranzhaltung;

- nehmen gern Kontakt zu anderen Menschen auf;

- sind in einer Gruppe ansprechbar;

- halten Kontakte einerseits aufrecht, brechen aber auch Kontakte überlegt und gezielt ab;

- haben keine Schwierigkeiten, sich von vertrauten Personen zu lösen;

- halten Regeln ein beziehungsweise arbeiten an ihrer Veränderung.

Vergleichen wir nun die Fähigkeiten von Kindern, die sich durch eine gute Spielfähigkeit auszeichnen, mit den Anforderungen der Verhaltensweisen, die einer Schulfähigkeit zugerechnet werden, fällt auf, dass Deckungsgleichheit besteht. Das heißt im Einzelnen:

- Kinder erwerben beim Spielen die Fähigkeiten und Fertigkeiten, die sie brauchen, um schulfähig zu sein.

- Schulfähigkeit ist eine mittelbare Folge aus der Spielfähigkeit. Sie zu beschneiden hieße, Kinder im Aufbau ihrer Schulfähigkeit aktiv und passiv behindern.

- Kognitive Lernprozesse geschehen gerade während des Spiels, also in Situationen, die nicht von Erwachsenen im Hinblick auf kognitive Förderung strukturiert sind!

- Eine der wesentlichen Grundlagen für Intelligenz und Selbstbewusstsein von Menschen ist die Fähigkeit, sich in andere Menschen, ihre Absichten und Gedanken hineinversetzen zu können. Genau dies geschieht im Spiel und gerade nicht beim sogenannten „vorschulischen Arbeiten".

- Die „allgemeine Schulfähigkeit" ist immer nur dann gegeben, wenn die „emotionale Schulfähigkeit" ausgeprägt ist. Sie dominiert an erster Stelle und kann sich nur dort entwickeln, wo Kinder ausgiebig spielen.

▢ Nur wenn die „emotionale Schulfähigkeit" bei Kindern ausgeprägt ist, kann sich die „kognitive Schulfähigkeit" am besten entwickeln.

Ausblick

Spiel schafft Kindern Identität und vermittelt ihnen, wer sie sind, was sie können, wie ernst sie genommen werden und welche Achtung sie real erfahren. Natürlich wäre es völlig falsch, die Förderung der Spielfähigkeit lediglich unter dem Aspekt einer Schulfähigkeit zu sehen: Damit würde das Spiel pervertiert werden. Vielmehr dient das Spiel den Kindern dazu, sich in ihrer Gesamtpersönlichkeit zu erfahren und zu entwickeln, weil es genau ihre Möglichkeit ist, ihr Leben spielend zu begreifen.

Wir wissen, dass auf der einen Seite die Lebensrealität von Kindern sowohl durch Elternforderungen und familiären Druck, massiv zunehmende Medieneinwirkungen und ökologische Dramen gekennzeichnet ist, auf der anderen Seite durch gleichbleibend ungünstige Bedingungen in pädagogischen Einrichtungen immer größere Anforderungen an Kinder (Eltern und ErzieherInnen) gestellt werden. So nimmt es nicht wunder, dass „auffällige Verhaltensweisen" bei Kindern in einigen Verhaltensbereichen, wie zum Beispiel Sprache, Psychosomatik und Selbstwertgefühl, in Form von Sprachauffälligkeiten, körperlicher Anfälligkeit bei seelischer Belastung und zunehmender Angst in den letzten beiden Jahrzehnten erheblich zugenommen haben.

Dem muss kompetent begegnet werden in Gesprächen mit KollegInnen, Eltern, MitarbeiterInnen anderer Einrichtungen, Berufsverbänden und mit Trägern sowie in der Veränderung von Situationen. So auch in der Forderung, zum Beispiel dem Spiel absolute Priorität im Umgang mit Kindern zu gewähren, vorschulische

Arbeitsblätter und -programme zu verbannen und eine Öffentlichkeitsarbeit zur Bedeutung des Spiels für die Entwicklungsmöglichkeiten von Kindern – auch im Hinblick auf ihre Schulfähigkeit – voranzubringen, dass gerade ErzieherInnen aufgrund ihres faktischen Wissens daran mitarbeiten, die Welt von Kindern aktiv mitzuverändern im Sinne des Schaffens von Spielwelten, wo es Spaß macht, als Kind zu leben und ausgiebig zu spielen.

Gleichzeitig sind aber auch politische Mandatsträger gefordert, Vorschulstrukturen in der frühkindlichen Bildung systematisch aufzulösen, für wirklich attraktive Spielflächen und -plätze zu sorgen und vor allem endlich Konsequenzen aus Untersuchungsergebnissen zu ziehen, wenn es zum Beispiel um das Einschulungsalter geht. Wir wissen, dass die Zahl der schulversagenden Kinder, die mit knapp sechs Jahren eingeschult werden, um ein Vielfaches höher ist als die Anzahl der Kinder, die erst mit sieben Jahren eingeschult werden. Gleichzeitig wissen wir, dass sich die Entwicklung der Spielfähigkeit bis ins siebte Lebensjahr der Kinder hineinbringt (Parallelität von Schul- und Spielfähigkeit). Welch ein Beleg zur Durchsetzung der Forderung, Kinder erst mit sieben Jahren einzuschulen! Die Schule muss sich fragen, wie kinderfreundlich und kindfähig sie ist. LehrerInnen haben eine Antwort auf die Frage zu finden, welches Lernverständnis sie zur Grundlage ihres Unterrichts gewählt haben und wie kindzentriert ihre Schulstunden ausgerichtet sind. Die Arbeit der ErzieherInnen wird sich daran messen, wie spielkompetent die Kinder während der Kindergartenzeit wurden, ohne dass das Spiel zu einem methodischen Mittel degradiert und sinnentleert wurde.

Schule ist (k)ein Kinderspiel

Die Sorge der Eltern um die Einschulung
Was ist das eigentlich: Schulfähigkeit?

Jedes Jahr stellen sich viele Eltern schulpflichtiger Kinder dieselbe Frage: Sollen wir unser Kind einschulen? Schon Monate vor dem Ende des letzten Kindergartenjahrs treiben sie Bedenken oder auch Hoffnungen um. Was es dabei zu bedenken gilt und was „Schulfähigkeit" überhaupt bedeutet, ist in diesem Beitrag zusammengefasst. Kurz vor dem Osterfest möchte Mutter Beate mit ihrem Sohn bunten Tischschmuck basteln. Stefan, gerade sechs Jahre alt, setzt sich freudig an den großen Küchentisch, auf dem schon alles bereit liegt. Doch schon nach wenigen Minuten legt er seine Schere lustlos beiseite und möchte lieber nach draußen spielen gehen. Enttäuscht und nachdenklich gibt die Mutter ihr Vorhaben auf: „Dann geh nur nach draußen. Vielleicht hast du ja morgen mehr Lust, das Fensterbild zu basteln."

Solche und ähnliche Szenen waren der Mutter in letzter Zeit öfter aufgefallen. Stefan zeigt keine Ausdauer beim Malen, Geschichten hören oder Basteln. Selbst das Schneiden mit der Schere auf einer Linie gelingt ihm nur selten. Was so auf den ersten Blick als völlig harmlos erscheinen mag, das bereitet der Mutter schon einiges Kopfzerbrechen, denn in einigen Monaten soll Stefan zur Schule gehen. „Ist es wirklich richtig, dass wir Stefan diesen Sommer einschulen? Ist er überhaupt schulreif?", denkt die Mutter besorgt. „Schulreife" – reif für die Schule? Obgleich er immer noch gebräuchlich ist, ist dieser Begriff schon seit vielen Jahren umstritten und eigentlich auch durch den Ausdruck „Schulfähigkeit" ersetzt worden. Der Austausch der Wörter ist dabei viel mehr als nur eine akademische Auseinandersetzung: Er spiegelt die Einsicht des neuen entwicklungspädagogischen Wissens wider, dass die Fähigkeiten und Fertigkeiten, die Kinder für den erfolgreichen Besuch einer Grundschule brauchen, nicht ein Prozess irgendwelcher (körperlicher) „Reifung" sind. Was Kinder für den Besuch der Schule brauchen, ist vielmehr das Ergebnis eines langen Lern- und Erfahrungsprozesses, in dem sie mit Freude und Tatendrang diese Welt entdecken (dürfen). Diesen Prozess können Eltern allenfalls durch eine Atmosphäre des Vertrauens und der gefühlsmäßigen Stabilität unterstützen, nicht aber durch Übungen herbeizwingen! Kinder benötigen für das Lernen in der Grundschule Fähigkeiten, die es ihnen ermöglichen, mit Interesse und Neugierde Unterrichtsinhalte zu verstehen, mitzugestalten und ihr eigenes Lernverhalten auszubauen.

Niemand wird ernsthaft bezweifeln, dass jeder Mensch – ob als Kind, Jugendlicher oder Erwachsener – ein bestimmtes Wissen und Können beherrschen muss, um sich in einer leistungsbezogenen Industriegesellschaft zurechtfinden und behaupten zu können. Die Frage ist dabei nur, welches Wissen und Können für eine kompetente und zufriedene Lebens- und Leistungsgestaltung notwendig ist. Lange Zeit haben BildungspolitikerInnen und SchulärztInnen, LehrerInnen und SchulleiterInnen die Meinung vertreten, dass Schulfähigkeit fast ausschließlich etwas mit einem bestimmten inhaltlichen Wissen zu tun hat. So wurden Kindern etwa Formen vorgelegt (Dreiecke, Quadrate, Kreise), die es richtig zu unterscheiden und zu benennen galt. Oder es wurden Fragen aus dem Allgemeinwissen eines sechsjährigen Kindes gestellt, die richtig beantwortet werden sollten. Bestimmte Farben galt es zu erkennen oder sachlogische Folgen bei Bildern aufzubauen.

Schulfähigkeit ist mehr als Wissen

Hinter dem Begriff „Schulfähigkeit" verbirgt sich jedoch mehr als nur das Vorhandensein von Wissen. Ein Kardinalfehler besteht auch heute noch in der Verwechslung der Begriffe „Begabung" und „Schulfähigkeit". Die Frage nach den besonderen Merkmalen der Schulfähigkeit lässt sich am besten dadurch beantworten, dass im Hinblick auf die Schulanforderungen auch bestimmte Fertigkeiten von Kindern gezeigt werden sollten, wenn es ihnen gelingen soll, mit Neugierde und Interesse bestimmte Aufgabenstellungen zu lösen. Dieselben Merkmale werden dabei auch in kindorientierten Einschulungsverfahren oder Schulspielen berücksichtigt.

Da ist zunächst ein Aspekt zu nennen, der besonderen Wert auf die gefühlsmäßige, emotionale Schulfähigkeit legt. Konkret gemeint ist damit, dass ein Kind zur Einschulung eine gute Portion Zuversichtlichkeit, Ausgeglichenheit in der Persönlichkeit und grundsätzliche Belastbarkeit zeigen sollte. Im Beispiel gesprochen: Wenn ein Kind in vielen Situationen sagt oder gar darauf besteht, dass es das schon selbst schaffe, dann ist das eine gute Grundlage. Wenn dann noch hinzukommt, dass es sich auch von ersten Misserfolgen nicht entmutigen lässt, nach dem Motto: „Auch wenn es jetzt nicht gleich geklappt hat, dann probiere ich es morgen wieder", so ist die Grundlage noch mehr gefestigt.

Ein weiterer emotionaler Aspekt: Ein Kind, das zur Schule geht, sollte weitgehend frei sein von inneren Spannungen („Ich freue mich auf den Tag"), angstfrei auf neue Situationen zugehen („Ich traue mich") und auch kleine Enttäuschungen verwinden können. Ein zweiter Punkt betont die soziale oder kommunikative Schulfähigkeit. Gemeint ist hier, ob ein Kind Eigeninitiative entwickelt, ob es soziale Absprachen und Regeln (an)erkennt, zuhören kann und in der Lage ist, sich über einen längeren Zeitraum mit einer

Sache zu beschäftigen. Diese wenigen Merkmale sollen keinen Leistungsdruck aufbauen und keine Ängste fördern. Mit anderen Worten: Es darf durchaus sein, dass der eine oder andere Bereich bei Schuleintritt noch nicht voll ausgeprägt ist, wenn deutlich positive Tendenzen erkennbar sind.

Bestes Förderprogramm: Das tägliche Spiel

Aus speziellen Untersuchungen wissen wir heute, dass Kinder die Verhaltensmerkmale, die sie für ihr Leben und damit auch für die Schule brauchen, dort lernen, wo die meisten es am wenigsten vermuten: im Spiel, mit all seinen vielen Facetten und Möglichkeiten. Sogenannte kognitive Lernprozesse – Prozesse also, die auf eine Erweiterung des Denkens und Wissens abzielen – vollziehen sich somit gerade nicht bei irgendwelchen Lernübungen, die angeblich so gut auf die Schule vorbereiten. Vielmehr sind die Kinder, die ausdauernd allein und auch mit anderen spielen, kooperationsfähiger. Sie können Konflikte besser lösen, sind verantwortungsbewusster und hilfsbereiter. Sie haben weniger Vorurteile und eine größere Toleranzhaltung, sie verarbeiten Enttäuschungen leichter, können Versagungen besser ertragen, sind weniger aggressiv und optimistischer. Sie durchschauen Manipulationsversuche wesentlich leichter, entwickeln eine bessere Logik, haben eine breitere Fantasie und einen größeren Wortschatz, weisen gute Konzentrationsstärken auf und nehmen mehr wahr. Sie haben flüssigere Bewegungsabläufe und zeigen weniger muskuläre Spannungen. Insoweit überrascht es nicht, dass wissenschaftlich ein Zusammenhang bestätigt wird zwischen der Spielfähigkeit und der Schulfähigkeit. Ein Zusammenhang übrigens, der uns allen eigentlich wohl vertraut ist, den wir sogar als ideal bezeichnen – denn warum sagen wir uns sonst: „Das lernst du spielend!"

Neugierde ist der Anfang von allem

Vielleicht kennen Sie aus Ihrer Erfahrung mit älteren Kindern oder aus dem Verwandtenkreis die schlagfertige Erwiderung, dass auch Albert Einstein im Mathematikunterricht der Schule eher Durchschnitt war. Nicht wenige Schüler begegnen so den Vorhaltungen der Eltern bei den ersten schlechten Noten. Doch Sie werden lachen: Der Grundgedanke ist gar nicht so falsch. Geistesgrößen in Vergangenheit und Gegenwart wurden nämlich schulisch nicht programmiert. Sie haben vielmehr aus innerem Antrieb ihre Neugierde und ihr Interesse genutzt, um Antworten auf spezielle Fragen zu finden. Neugierde und Interesse an einer Sache sind also weit eher die Voraussetzung für den Ausbau von Intelligenz als irgendwelche „Vorschularbeiten". Diese sind ebenso sinnlos wie pädagogisch zweifelhaft, außerdem fördern eben Freude und Lust die Lernbereitschaft, die im Gegensatz dazu durch Überforderung und ein überzogenes Spielzeugangebot erstickt wird, sodass die Lernmotivation von Kindern dann eher verkümmert.

Und was ich oben sagte, sei hier, weil es so wichtig ist, nochmals wiederholt: Lernprozesse ereignen sich viel eher im Spiel, im Umgang mit anderen Kindern und in einer aufgeschlossenen Umgebung. Wenn also das Spiel der Nährboden für den Erwerb der geforderten Schulfähigkeiten darstellt, so können Eltern diesen Prozess allenfalls dadurch fördern, dass sie mit Kindern die „Fülle des Spielens" entdecken. Die Überbetonung des Wissens und die Überbetonung des sogenannten Intelligenzquotienten lässt manchen Erwachsenen vergessen, dass Kinder am meisten lernen, wenn sie Neues erfahren, selbst etwas tun können, eigenständig handeln dürfen und eigene Gefühle entwickeln können. Aus einem Ansammeln von Informationen und Fakten wurde dagegen noch nie ein fröhliches, schulleistungsstarkes Kind für die Schule gewonnen.

Beachtenswert ist auch die Tatsache, dass Kinder im Grunde genommen erst mit sieben Jahren schulfähig sind. Eltern sollten deshalb nicht darauf drängen, Kinder schon vor dem sechsten

Lebensjahr auf Antrag einzuschulen. Die Gefahr einer späteren „Störung" beziehungsweise eines späteren, plötzlichen Schulversagens bei zu früh eingeschulten Kindern ist ausgesprochen hoch.

Und wer prüft die Kindfähigkeit der Schule?

Bei aller Diskussion um die Schulfähigkeit von Kindern sollte ebenso die Diskussion um die „Kindfähigkeit" der Schulen geführt werden. Engagierte BildungspolitikerInnen in der Bundesrepublik fordern in der letzten Zeit verstärkt, dass grundsätzlich nicht mehr die Schulfähigkeit von Kindern vor der Aufnahme in die Schule „überprüft" wird, sondern die Schule durch einige Umstellungen dafür zu sorgen hat, dass Kinder mit Spaß, Freude und Ernsthaftigkeit ihre Schulfähigkeit dort weiterentwickeln können. Nur so kann es gelingen, dass die in unseren Kindern schlummernden Interessen und Vorlieben geweckt und genährt werden.

Wenn es immer noch wahr ist, dass wir nicht für die Schule, sondern für das Leben lernen, dann wird es höchste Zeit, dass auch die Schule so wird wie das Leben: so bunt, so vielfältig, so offen. Dann wird jedes schulfähige Kind im wahrsten Sinne des Wortes „spielend" die Schule schaffen.

Schulpflicht und Einschulung

Alle Kinder, die bis zu einem formal festgelegten Zeitpunkt ein bestimmtes Alter erreicht haben – und hier differieren die Zeitpunkte je nach Bundesland – sind laut Gesetz schulpflichtig. Allerdings fallen Fragen der Bildung in die Kompetenz der Bundesländer. Allen Eltern, die Rat und Hilfe suchend der Einschulung ihres Kindes entgegensehen, empfehlen wir, sich vor dem Einschulungstermin an die RektorIn der Grundschule und zur Sicherheit an den zuständigen Schulrat zu wenden. Jedes Bundesland hat seine eigenen Kriterien und Bestimmungen zur Schulpflicht und Schuleignung. Für Eltern wichtig zu wissen ist:

- Die Frage der Schulfähigkeit sollte immer mit der ErzieherIn des Kindergartenkinds geklärt werden.

- Erziehungsberechtigte, deren Kinder schulpflichtig, aber nach eigenen Beobachtungen und Erkenntnissen nicht schulfähig sind, können bei der SchulleiterIn der zuständigen Schule einen Antrag auf Rückstellung stellen. Am besten geschieht dies schriftlich und mit einer kurzen Begründung, ggf. einem Gutachten.

- Wird dem nicht stattgegeben, kann Einspruch bei der „unteren Schulaufsichtsbehörde" (Kreisschulamt) eingelegt werden. Weitere Einzelheiten können Sie dem Schulgesetz Ihres Landes entnehmen.

Alternativen zum 1. Schuljahr

Für Kinder, die schulpflichtig, aber noch nicht schulfähig sind, kann auch der Besuch einer Grundschulförderklasse (GSF) oder eines Schulkindergartens (SKG) infrage kommen. Adressen gibt Ihnen gern Ihr zuständiges Schulamt. Selbstverständlich bleibt für ein noch nicht schulfähiges, aber schulpflichtiges Kind auch die Möglichkeit, noch ein weiteres Jahr im Kindergarten zu verbringen – sofern der Kindergarten dafür Platz hat und das Schulamt zustimmt. Wo es dem Kindergarten nicht möglich ist, ein schulpflichtiges Kind weiter entwicklungspädagogisch zu begleiten und ein Schulkindergarten oder eine Grundschulförderklasse nicht infrage kommen, kann das zurückgestellte Kind das „Zwischenjahr" auch zu Hause bleiben, wenn dies für die Eltern möglich ist und das Schulamt zustimmt.

Kreativität

Ein Begriff im Ausverkauf der Kindergartenpädagogik

Einleitungsgedanken

Der Begriff „Kreativität" ist aus der heutigen Pädagogik nicht mehr wegzudenken. Er begegnet uns täglich in Gesprächen mit ErzieherInnen, die in Kindergärten arbeiten, und findet sich ebenso in Konzeptionen elementarpädagogischer Einrichtungen wie in formulierten Lernzielen innerhalb der Jugendarbeit. Dem ist auch grundsätzlich nichts entgegenzuhalten. Was vielmehr große Nachdenklichkeit provoziert, ist die Tatsache, dass einerseits viele ErzieherInnen zwar „kreative Erziehung" propagieren und gleichzeitig davon überzeugt sind, Kreativität bei Kindern zu fördern, andererseits wurde dieser Begriff wie kaum ein zweiter „Lernbereich" in der Pädagogik so weit zurechtgeschnitten und didaktisch gekürzt, dass kaum noch – wenn überhaupt– etwas von seinem Ursprung übrig geblieben ist. Ja, der Begriff „Kreativität" ist oft nicht mehr als eine inhaltsleere Worthülse, die leise ein verkümmertes Dasein vor sich hinfristet und der in vielen Fällen schon der Todesstoß versetzt wurde.

Ausgangspunkt

Kinder besuchen einen Kindergarten, um ausreichend Fähigkeiten zu erwerben, Begebenheiten und Situationen ihres gegenwärtigen Lebens nachvollziehen und ebenso wie Ereignisse künftigen Lebens bewältigen zu können, durch kompetentes und autonomes Fühlen, Handeln und Denken. Es soll an dieser Stelle nicht weiter auf die Begriffe „Kompetenz" und „Autonomie" eingegangen werden, bis auf die Anmerkung, dass emotionale, soziale, motorische und kognitive Fähigkeiten (= Kompetenzen) notwendig sind, um selbstständig (=autonom) und unabhängig handeln zu können. Und selbstverständlich bedarf es dazu eines großen Anteils an „Kreativität", denn sie ist es letztlich, die vor allem das Maß selbstständigen und unabhängigen Handelns mitbestimmt. *Sehen und hören, was wirklich ist, nicht: was sein sollte; sagen, was ich denke, nicht: was ich denken sollte; fühlen, was ich wirklich fühle, nicht: was ich fühlen sollte; fordern, was ich möchte, nicht: immer erst auf Erlaubnis warten; Risiken eingehen, ohne sich immer erst abzusicher*n (Die fünf Freiheiten des Menschen, Virginia Satir).

Zunächst einmal kann es leicht passieren, dass LeserInnen zu diesen von Satir benannten Freiheiten zustimmend nicken und glauben, eine Pädagogik in ihrer Einrichtung zu realisieren, die dem entspricht. Doch wenn wir einmal anfangen, diese Postulate mit Beispielen zu füllen, dann kann es schon etwas anders aussehen und die Zustimmung leiser werden.

Sehen und hören, was wirklich ist – die Realität, in der Kinder leben, die für Kinder wichtigen Kleinigkeiten und großartigen Dinge, die Kinder sehen und hören: die tollen Pfützen, in denen man herumspringen kann; der Dreck, der so herrlich verschmiert werden kann; Farben, die ganze Räume ausfüllen, und lautes Schreien, das Spaß macht; gesehene Fernsehsendungen, die Kinder anschauen durften, auch wenn es nicht unserer Vorstellung entspricht, wenn Kinder Spätfilme angeguckt haben; eigene Körperlichkeit, die durch Anschauen und Vergleichen erfahrbar wird;

schlürfen beim Essen und Kinderlachen. *Sagen, was ich denke* – die Realität, Worte der Kinder stehen lassen zu können: die „neue" Sprache (echt geil, irre stark, cool, ätzend, zombigeil und obergut); die alten „schmutzigen" Wörter, deren Gebrauch gerade deswegen so reizvoll ist, weil sich Erwachsene im Kreislauf vergangener Zeiten bewegen und immer noch aufgeregt und verärgert darauf reagieren. *Fühlen, was ich wirklich fühle* – die Realität der Gefühle von Kindern, die sich ärgern und laut schimpfen und damit etwas zum Ausgleich ihres Ärgernisses im Sinne psychohygienischer Entspannung tun; traurig sein und herzhaft weinen, weil es entlastet und befreit; sich freuen und laut lachen, ohne sich einzukriegen, vor lauter Freude im Zimmer herumrennen und Gefühle in Bewegung umsetzen. *Fordern, was ich möchte* – wollen, statt eigene Bedürfnisse zurückzustellen und unterwürfig zu fragen, ob es möglich wäre, dieses oder jenes eventuell machen zu dürfen. Risiken eingehen – über Grenzen hinwegdenken, Gewohnheiten infrage stellen, Bekanntes verwerfen und einfach ausprobieren.

Um gleich zu Anfang einem Missverständnis entgegenzuwirken: Es geht nicht darum, grundsätzlich immer und überall den Bedürfnissen von Kindern nachzukommen! Vielmehr geht es um die Realität von Aussagen, die in ihrer Praxis so oder ähnlich aussehen.

Kreativität bewegt sich zwischen den Eckwerten „neu", „anders", „schöpferisch", „flexibel", „selbst finden", „eigene Potenziale suchen und finden, nutzbar zur Verfügung haben und brauchen", „Offenheit", „originell", „von Gewohntem abweichend", „ausprobieren" und „ungewöhnlich". Das heißt doch nichts anderes, als sich in der Welt so zu bewegen, dass Menschen, die kreatives Handeln zeigen, nicht durch gewohntes Verhalten „auffallen", sondern durch ihre neuen Aktivitäten, die sich vom Üblichen absetzen, ins Blickfeld geraten; sich nicht auf der Autobahn (Lebensweg) befinden, sich zwischen den Leitplanken (Normen) bewegen und alle Verkehrsschilder (Ge- und Verbote) exakt einhalten, nur dort anhalten, wo Rastplätze (vorgegebene Ruhepausen) eingerichtet sind und vorhandene Ausfahrten (Ausweichmöglichkeiten) ein Verlassen gerader Wege erlauben. Kreative Menschen fallen auf, gerade weil sie eigene Lösungsmöglichkeiten suchen.

Bleiben wir noch ein wenig bei dem Begriff „Kreativität" und bei den ihr zugrunde liegenden Verhaltensweisen, dann zeichnen sich kreative Menschen durch folgende Merkmale aus:

- Probleme werden als solche wahrgenommen und nicht missachtet.

- Auseinandersetzungen mit möglichen Problemlösungen werden handelnd und probierend erfahren, ohne durch die Suche nach nur einer Lösung schnell fertig werden zu wollen.

- Neugierdeverhalten ist der Motor, festgefügte Handlungs- und Denkformen zu überschreiten.

- Aufgeschlossenheit der sozialen, materiellen und situativen Umwelt gegenüber erfordert Mut und Selbstbewusstsein; sie lassen den Vorstoß ins Neue letztlich zu. Wo diese beiden Merkmale nicht zur Persönlichkeitsstruktur gehören, kann Kreativität nicht wachsen – weder bei der ErzieherIn noch bei den Kindern.

- Energie beflügelt die Seele, aus bekanntem Wissen neue Kombinationen zu bilden.

Es wird nicht überraschen, wenn die These aufgestellt wird, dass selbstverständlich nur kreative ErzieherInnen auch Impulse zur Förderung der Kreativität bei Kindern geben können. Nur wenn die Voraussetzung zur Kreativität zum Beispiel

- eine offene Haltung gegenüber der Umwelt ist, viele ErzieherInnen aber kollegiale Differenzen nicht offen austragen oder die massive Veränderung der Umwelt nur bruchstückhaft wahrnehmen, Eltern gegenüber vorurteilsbeladen sind oder sich neuen, unbequemen Gedanken nicht öffnen;

- die Fähigkeit ist, differenziert zu reagieren, viele ErzieherInnen aber zum Beispiel Verhaltensbündel von Kindern zum Ausgangspunkt ihrer Arbeit machen, statt spezifischen Verhaltensweisen den Vorrang zu geben;

- Kritikfähigkeit ist, viele ErzieherInnen aber direkten Auseinandersetzungen nicht selten aus dem Wege gehen, eher methodenorientierte Fortbildung besuchen als selbsterfahrungsausgerichtete Seminare;

- Energiepotenziale verlangt, die Rahmenbedingungen für Kinder und ErzieherInnen in Kindergärten sich aber weiter verschlechtern, sodass viel Energie im täglichen Allerlei verbraucht wird;

- Erfolgsmotiviertheit ist, im täglichen Arbeitsanfall entsprechende „Erfolge" aber untergehen und nicht auffallen;

- Selbstständigkeit und Initiative sind, ErzieherInnen sich aber von Trägern abhängig fühlen und dies sicher auch mehr oder weniger so ist; eigene Ideen, geboren aus der Beobachtung von Bedürfnissen von Kindern, zugunsten schon festgelegter Arbeitspläne aufgegeben werden,

dann scheint die Frage spätestens hier berechtigt, ob und inwieweit sich Kreativität bei Kindern entwickeln kann.

Fördernde und hemmende Bedingungen zur Kreativitätsentwicklung

Lassen Sie mich mit einer Fabel beginnen, die einerseits sehr lustig ist, andererseits viel Tragik offenbart. Es ist offensichtlich überflüssig, eigene Gedanken zu dieser Fabel zu formulieren, weil ein Transfer zur Elementar- und Primarpädagogik ohne Abstriche hergestellt werden kann, sollte, ja muss.

Das Konzept individueller Unterschiede

Es gab einmal eine Zeit, da hatten die Tiere eine Schule. Das Curriculum bestand aus Rennen, Klettern, Fliegen und Schwimmen, und alle Tiere wurden in allen Fächern unterrichtet. Die Ente war gut im Schwimmen; besser sogar als der Lehrer. Im Fliegen war sie durchschnittlich, aber im Rennen war sie ein besonders hoffnungsloser Fall. Da sie in diesem Fach so schlechte Noten hatte, musste sie nachsitzen und den Schwimmunterricht ausfallen lassen, um das Rennen zu üben. Das tat sie so lange, bis sie auch im Schwimmen nur noch durchschnittlich war. Durchschnittliche Noten waren aber akzeptabel, darum machte sich niemand Gedanken darum, außer die Ente.

Der Adler wurde als Problemschüler angesehen und unnachsichtig und streng gemaßregelt, da er, obwohl er in der Kletterklasse alle anderen darin schlug, darauf bestand, seine eigene Methode anzuwenden. Das Kaninchen war anfänglich im Laufen an der Spitze der Klasse, aber es bekam einen Nervenzusammenbruch und musste von der Schule abgehen wegen des vielen Nachhilfeunterrichts im Schwimmen. Das Eichhörnchen war Klassenbester im Klettern, aber sein Fluglehrer ließ ihn seine Flugstunden am Boden beginnen, anstatt vom Baumwipfel herunter. Es bekam Muskelkater durch Überanstrengung bei den Startübungen und immer mehr „Dreien" im Klettern und „Fünfen" im Rennen. Die mit Sinn fürs Praktische begabten Präriehunde gaben ihre Jungen zum Dachs in die Lehre, als die Schulbehörde es ablehnte, Buddeln in das Curriculum aufzunehmen. Am Ende des Jahres hielt ein anormaler Aal, der gut schwimmen und etwas rennen, klettern und fliegen konnte, als Schulbester die Schlussansprache. (Originalquelle unbekannt)

Kreativität kann sich nur dort entwickeln, wo folgende Faktoren eine günstige Ausprägung aufweisen:

- Umwelt
- Material

- Zeit
- Raum
- situative Bedingung „Gruppengröße/Zusammensetzung"
- ErzieherIn
- Persönlichkeit des Kindes

Da alle sieben Merkmale miteinander in Beziehung stehen, ist eine isolierte Betrachtung einzelner Elemente zwar von großer Bedeutung, in der Betrachtung fördernder oder hemmender Bedingungen allerdings nur im Beziehungsgeflecht aussagekräftig. Folgendes Bild scheint daher angebracht:

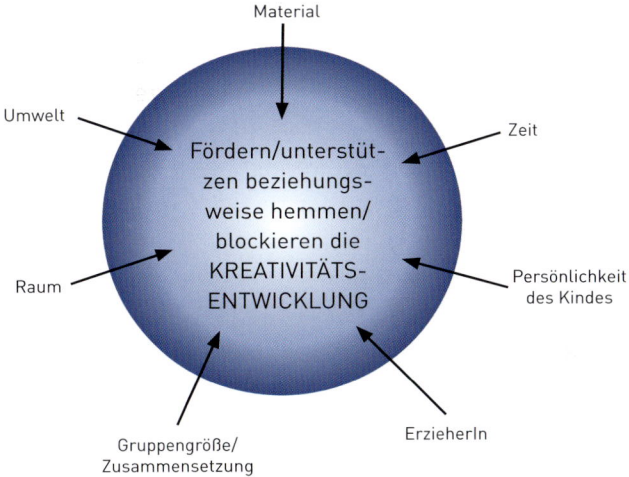

Bisherige Ergebnisse der Kreativitätsforschung lassen folgende Aussagen zu:

Merkmale wirken	kreativitätsfördernd/unterstützend	kreativitätshemmend/blockieren
Umwelt	Herstellen eines Verhältnisses zu den Elementen Luft, Wasser, Erde, Wärme, Kälte, Feuer in Verbindung mit eigenen Tätigkeiten	▢ Welt als Angstauslöser ▢ Betonwüsten ▢ fehlende oder uninteressante Spielplätze
Material	veränderbar, unterschiedlich, richtiges Werkzeug, auch gutes Papier, gute Malstifte, weniger das Viele als vielmehr das Wenige	▢ starres Spielzeug, einheitlich (entspricht nur einer Spielform) ▢ Pseudowerkzeug (zum Beispiel Plastikschere, Holzherd) ▢ nur sog. pädagogisch wertvolles Spielzeug ▢ überwiegend Abfallpapier (Computerlisten) ▢ zu viel Spielmaterialien
Raum	erfreulicher Raum, ein Zimmer zum Wohnen, Rückzugsecken, Podeste, Nischen, Höhlen	▢ Katalogzimmer ▢ kühle Atmosphäre ▢ weiße Wände/grelle eintönige Wandfarben
Gruppengröße/ Zusammensetzung	für Kinder überschaubar (max. 15 Kinder), alters- und geschlechtsgemischt	▢ zu große Gruppen ▢ altersgleich ▢ geschlechtsgleich
Zeit	gemeinsame Zeitplanung mit Kindern, Tätigkeiten und Spielzeiten von Kindern überschreiten lassen, sich und anderen Zeit lassen	▢ feste Frühstückszeit für alle Kinder ▢ ausgeplante Zeit ▢ Zeitgrenzen rigide einhalten
Persönlichkeit des Kindes	innere Beteiligung, Fantasien leben, innere Bilder nach außen tragen, körperliche Bewegung, Entdeckerfreude, Gegenstände lieb gewinnen, sich selbst Anerkennung geben, frei sein in einer geplanten Zeit, Fragen haben, stellen, staunen können	▢ eingeschränktes Selbstwertgefühl ▢ eingeschränkte Spielfähigkeit ▢ sich selbst unter Leistungsdruck setzen ▢ eingeschränkte Fantasie ▢ keine inneren Bilder erleben ▢ auf Anerkennung von anderen warten, ja fixiert sein
ErzieherIn	Moderator/in sein, so weit wie möglich alle Aktivitäten von Kindern ausgehen lassen, verlässliche Beziehung, Spaß am Beruf, Tätigkeiten von Kindern, falls gewünscht, sprachlich begleiten, Risikobereitschaft zeigen, selbst Wagnisse eingehen, weitgehend frei sein von inneren Spannungen, Begeisterung spüren können, Initiativen von Kindern zulassen. Kinder nicht von Aktivitäten zurückhalten, von denen angenommen wird, sie entsprächen nicht ihrem Alter, Selbstbewusstsein haben	▢ für Kinder sprechen und an ihnen planen ▢ immer helfen ▢ Kinder an eigenen Erfahrungen hindern ▢ zu enge, verflochtene Beziehung ▢ durch den Beruf „ausgebrannt" sein ▢ Beurteilungen abgeben und Kategorien wie „richtig" und „falsch" vermehrt gebrauchen ▢ Risiken ablehnen ▢ Wagnisse abwehren ▢ mit eigenen Problemen Schwierigkeiten haben ▢ sich hauptsächlich über Kinder definieren ▢ eher starre Regeln aufstellen und auf Einhaltung achten ▢ Überbehütung ▢ Überbewertung von Vernunft ▢ Angst vor Fehlern ▢ Drang nach Perfektion ▢ Konformität erreichen wollen ▢ (siehe Fabel)

Das Spiel ist der Weg der Kinder zur Erkenntnis der Welt, in der sie leben und die zu verändern sie berufen sind (Gorki).

Zwischenbilanz

Halten wir einmal fest: Wenn mit dem Begriff „Kreativität" die Fähigkeit bezeichnet wird, vor einem Problem aus dem Alltag zu stehen und nun *Beziehungen zwischen vorher unbekannten Erfahrungen zu finden, die sich in der Form neuer Denkschemata als neue Erfahrungen, Ideen oder Produkte ergeben* (Guliford, Farnes, Smith), dann ist sie das Ergebnis (die Auswirkung) von unterschiedlichen Momenten, die auf das Kind einen Einfluss haben. Sie lassen es zu beziehungsweise wirken als Hemmnisse, dass sich Kreativität erst einmal entwickeln kann. Und wenn es um Problemlösungen geht, dann ist damit in keinem Fall nur der Ausschnitt „kreatives Basteln" oder Ähnliches gemeint. In dem Maße, wie Rahmenbedingungen ungünstig sind – für Kinder und ErzieherInnen –, in dem Verhältnis wurde der Begriff beschnitten und verfälscht. Damit hat er nur noch eine Alibifunktion, die aber grundsätzlich nichts rechtfertigen kann und darf.

Eckwerte zum „kreativen Verhalten"

Wer ein wirkliches Interesse an Kindern hat, der wird den Schwerpunkt seiner Arbeit auf die Entfaltung kreativer Persönlichkeiten legen, zumal es die Aufgabe eines kreativen Erziehers oder einer kreativen Erzieherin ist, Einzigartigkeiten in Kindern zu entdecken, sie zu akzeptieren und Kindern dabei zu helfen, sie zu entwickeln. Kreativität (Lateinisch creare: etwas zeugen, gebären, schaffen, erschaffen) ist nur da möglich, wo ErzieherInnen „Geburtshelfer" sind und dieses auch als eine ihrer Aufgaben ansehen. Voraussetzungen zum „Schaffen" einzuleiten, hemmende Wirklichkeiten zu verändern – diese Anforderungen haben dabei höchste Priorität. Möglichkeiten zum selbstständigen und nicht gruppengebundenen Denken, Toleranz neuen Ideen gegenüber, Probleme zu finden, ihre

Lösung zu suchen und auszuprobieren und dabei können ErzieherInnen den Kindern helfen. Kinder hören auf, dann kreativ zu
sein, wenn die unmittelbare und mittelbare Umwelt nicht darauf
reagiert. Probleme von Kindern fernzuhalten oder sie für Kinder
zu lösen ist überhaupt nicht zweckmäßig, zumal ein Problem nur
dann als ein solches identifiziert wird, wenn Kindern die Möglichkeit für eine Lösung fehlt. Probleme schaffen Frustrationen, und
gerade sie fordern zum Handeln und Überlegen heraus. Und ohne
Herausforderung gibt es keine Kreativität im eigenen Leben und
dem der Kinder. Augen sind nicht nur zum Sehen, sondern zum
Staunen, Schauen und Betrachten da. Ohren sind nicht nur zum
Hören, sondern zum Horchen da. Hände können nicht nur greifen,
sondern auch tasten, streicheln, fühlen und anfassen. Mit dem
Mund kann nicht nur gesprochen, getrunken und gegessen werden, sondern er kann spüren, lachen, weinen, schimpfen, schwei-
gen, singen und vieles andere mehr.

Man sollte Kinder lehren,
ohne Netz
auf einem Seil zu tanzen, bei Nacht allein
unter freiem Himmel zu schlafen,
in einem Kahn
auf das offene Meer hinauszurudern.
Man sollte sie lehren,
sich Luftschlösser
statt Eigenheime zu erträumen, nirgendwo sonst
als nur im Leben zu Haus zu sein,
und in sich selbst Geborgenheit zu finden.

Hans-Herbert Dreiske

Gedanken ...

Aus der Kreativitätsforschung wissen wir, dass kreative Menschen auch immer intelligent sind, intelligente Menschen aber nicht automatisch kreativ. Dort, wo Neugierde, die jeder Mensch in sich trägt, unterdrückt wird, konformes, altbewährtes Denken den Vorrang vor Originalität bekommt, werden Wagnisse gebremst, wird Kreativität blockiert. Resigniert zieht Erika Landau, eine der großen Kreativitätsforscherinnen unserer Zeit, folgendes Resümee: *Am traurigsten jedoch erscheint mir die Folgeerscheinung dieser Erziehung, die sich mit Ansammeln von Wissen begnügt, die darin besteht, dass das Individuum eigentlich für die Vergangenheit vorbereitet wird. Die Mittel, sich kreativ mit den Problemen der Zukunft zu befassen, werden ihm nicht zur Verfügung gestellt.* Damit hat Kreativität selbstverständlich auch eine gesellschaftliche Bedeutung: Neue Probleme in der Umwelt, Technik, Forschung bedürfen neuer Lösungen. An der Zukunft partizipieren heißt damit, Kindern ihre eigene kreative Entwicklung erschließen helfen, damit sie auch ihre Zukunft erleben (können) und unsere Zukunft mitgestalten.

Schlusswort

Kreative Menschen – Kinder, Jugendliche und Erwachsene – sind dynamisch und wortgewandt, emotional stabil, unkonventionell und nonkonform, ausdauernd und hartnäckig, haben Vorlieben für Neues und lösen sich bei Bedarf von traditionellen Anschauungen. Wenn dem so ist – und dem ist so –, dann gibt es zwei Möglichkeiten in der Ausgestaltung der Elementarpädagogik: Entweder die Arbeit im Kindergarten lässt diese Entwicklung zu, weil diese Verhaltensweisen kreativen Kindern zu eigen sind, oder das „Lernziel Kreativität" verliert seine Berechtigung, in Konzeptionen aufgeführt zu sein beziehungsweise in Gesprächen mit Kollegen, Kolleginnen und Eltern genannt zu werden.

Die Zukunft beim Schopfe packen

Anregungen für eine professionelle Berufsplanung

Viele ErzieherInnen schauen desillusioniert in die Zukunft. Der gesellschaftliche Status ihres Berufs ist eher gering, berufliche Aufstiegschancen scheint es nicht zu geben. Arbeitsalternativen können nicht entdeckt werden, und alltägliche Herausforderungen bündeln die ganze Kraft und Konzentration zur Bewältigung des jeweiligen Tages. Die Bezahlung ist im Vergleich zu anderen (sozial)pädagogischen/sozialtherapeutischen Berufen schlecht, und eine eigenständige Standortbestimmung wird ihnen oftmals nicht zugestanden. Was bleibt, ist häufig ein Abfinden mit (scheinbaren) Realitäten oder ein Hineinfallen in eine berufliche Resignation beziehungsweise ein Beklagen der Bedingungen, unter denen elementarpädagogische Arbeit geleistet werden muss. In diesem Beitrag geht es darum, Gedanken und Hinweise für einen professionellen Umgang mit der eigenen Lebensplanung zu formulieren, um neue Impulse zu präzisieren und Gestaltungsaspekte zu initiieren.

Kindergartenpädagogik – ein Arbeitsfeld voller Widersprüche, Erwartungen, Möglichkeiten und Einschränkungen

Es gibt wohl im Vergleich der vielen, unterschiedlichen (sozial) pädagogischen Arbeitsfelder kaum ein Arbeitsgebiet, das so widersprüchlich, erwartungsgeprägt, anspruchsvoll, verantwortungsreich und fordernd, vielfältig in seinen Facetten und gleichzeitig chancenreich ist wie die Tätigkeit im Kindergarten:

- **Widersprüchlich** insofern, als dass die Möglichkeiten einer qualifizierten Pädagogik zunehmend eingeschränkt werden, obwohl doch die hohe Bedeutung gerade der Elementarpädagogik unumstritten ist.

- **Erwartungsgeprägt** vonseiten der Eltern, des Trägers, der Grundschule, der Kinder, der Öffentlichkeit, der Gemeinde und der ErzieherInnen selbst, wobei sich bestimmte Erwartungen ergänzen beziehungsweise entsprechen (können), andere wiederum in deutlichem Widerspruch zueinander stehen.

- **Anspruchsvoll,** weil sich der Kindergarten immer mehr zu einer Einrichtung entwickelt, in der die Kinder elementare Erfahrungen machen können, die es „draußen" kaum noch gibt. Die gesellschaftlichen, ökonomischen und ökologischen Bedingungen schränken die Lebenserfahrungen der Kinder zunehmend ein.

- **Verantwortungsreich** insofern, als dass sich der Kindergarten immer mehr zur Einrichtung entwickelt, in der ErzieherInnen eine „Lobby für Kinder" darstellen müssen, weil andere Institutionen oder Personengruppen weniger das „Glück" von Kindern im Auge haben als vielmehr finanzielle oder persönliche Interessen. So werden Kinder von der Wirtschaft in zunehmendem Maße als Konsumenten entdeckt und umworben. Für viele Eltern sind ihre Kinder immer noch die Chance zur eigenen Selbstverwirklichung, und sie stellen Förderprogramme über kindliche Zufriedenheiten, Ruhe, Entspannung und Sicherheitsbedürfnisse.

- **Fordernd** ist der ErzieherInnenberuf infolge des berechtigten Anspruchs, dass die Kindergartenpädagogik ihren eigenständigen Erziehungs-, Bildungs- und Betreuungsauftrag erfüllt, um entsprechend dem Kinder- und Jugendhilfegesetz (KJHG) und den länderspezifischen Kindertagesstättengesetzen Kindern dabei zu helfen, eine eigene Identität zu finden, Selbstständigkeiten auf- und auszubauen, Hilfen zur Verarbeitung der vielfältigen Einflüsse zu bekommen, Sinnzusammenhänge zwischen Ereignissen und der eigenen Erfahrung herstellen zu können und Beziehungen als dauerhaft zu erleben.

- **Vielfältig** ist das Arbeitsgebiet insofern, als jeder Tagesablauf immer neue professionelle Herausforderungen mit sich bringt, sodass kein Tag dem anderen gleicht, und

- **chancenreich,** weil im Unterschied zu anderen bildungspolitischen Einrichtungen der Kindergarten als einzige Institution im Bildungswesen kein starres, didaktisches Curriculum vorgeschrieben bekommt, was, wann, wie und wo zu vermitteln sei.

So kann und muss zunächst festgehalten werden, dass es auf der einen Seite zwar viele Strukturen, Erwartungen und Ansprüche gibt, die eine Eigenständigkeit innerhalb des Berufs erschweren, auf der anderen Seite aber Freiräume existieren, die in unterschiedlichem Maße genutzt werden können – im Interesse der eigenen Person und im Interesse von Kindern.

Die Wahrheit der Dinge entsteht in unseren Köpfen

Vor vielen Jahren war in einer bekannten Frauenzeitschrift zum Thema „Berufsspecial" Folgendes zum Beruf der „Kindergärtnerin" zu lesen: „Die eigentliche Berufsbezeichnung, wie sie zum Beispiel auch beim Arbeitsamt verwendet wird, lautet ErzieherIn. Im Kindergarten betreut sie meist vormittags Kinder von drei bis sechs Jahren. Sie macht mit ihnen Gruppenspiele, Ausflüge, kleine Lernprogramme wie Lesen, Uhrzeit üben, aber auch Basteln gehört zu den Beschäftigungen" (Freundin, Heft 11/95). Diese drei Sätze beschreiben in dem „Berufsspecial"(!) insgesamt die Tätigkeit von ErzieherInnen in Kindergärten. Nicht mehr und nicht weniger.

So unfassbar dieser Text in seiner Unvollständigkeit und Unrichtigkeit ist, so deutlich drückt er vielleicht noch heute die Einschätzung des Berufsbildes in der Öffentlichkeit aus. Nicht nur, dass eine falsche Berufsbezeichnung als Überschrift gewählt wurde (Kindergärtnerin), auch die benutzten Wörter (betreut Kinder) und vorgestellten Tätigkeitsmerkmale (macht Gruppenspiele und Ausflüge, macht kleine Lernprogramme wie Lesen und Uhrzeit üben, auch Basteln gehört zu den Beschäftigungen) bringen das Berufsbild auf einen qualitativen Nullpunkt: Betreuen wird mit beschäftigen gleichgesetzt und provoziert schnell das Bild, dass ErzieherInnen in LehrerInnenmanier mit möglichst vielen Kindern an einem Tisch sitzen und irgendetwas üben oder basteln. Selbst dabei gibt es Einschränkungen, geht es doch nur um „kleine" Lernprogramme!

Nun kann der Text aus zweierlei Sicht betrachtet werden: Zum einen hat ihn eine Redakteurin/ein Redakteur geschrieben, die/der die Beschreibung des Berufsbildes noch aus den Erfahrungen der eigenen Kindergartenzeit abgeleitet hat; zum anderen könnte ein solcher Text dadurch entstanden sein, dass die Redakteurin/der Redakteur die Tätigkeitsmerkmale so formuliert hat, wie es vielleicht heute bei den eigenen Kindern noch die Praxis im Kindergarten ist.

Unabhängig davon bleibt festzuhalten: Wahrheiten entstehen durch Erfahrungen, Einzelbeobachtungen, subjektive Wahrnehmungen und Öffentlichkeitsdarstellungen. Ist also das Geschriebene im „Berufsspecial" dadurch wahr, dass es dort steht und zu lesen ist, oder entsteht die Wahrheit nicht erst vielmehr durch das, was nun in den Köpfen der Menschen geschieht, wie etwa Folgendes: „Kinderbetreuung kann doch eigentlich jede/r. Dazu reicht ein gesunder Menschenverstand aus, verbunden mit etwas Sensibilität und einer gewissen Beziehungsstärke. Mit Kindern spielen ist nicht schwer, fallen einem doch noch eigene Kinderspiele ein oder gibt es doch im Buchhandel genügend Spielliteratur, die in jedem Fall weiterhilft. Lernprogramme, zumal sie nicht anspruchsvoll zu sein scheinen, kann ebenfalls jede/r schaffen, zumal Lesen und das Kennen der Uhrzeit keine besonderen ‚Begabungen beim Trainer' voraussetzen. Und Basteln ist sicherlich nicht schwerer als mit Kindern in den nächstgelegenen Wald oder auf den nächsten Spielplatz zu gehen. Da ist man selbst noch an der frischen Luft und bekommt das Ganze auch bezahlt. KindergärtnerIn – welch ein fantastischer Beruf!"

Das eigene Selbstverständnis ist Grundlage professioneller Kompetenz

ErzieherInnen bilden im Feld der Jugendhilfe die größte Berufsgruppe unter allen vergleichbaren Professionen! Es ist daher verwunderlich, dass sie in der Öffentlichkeit und in der eigenen Einschätzung ein eher geringes Wertigkeitsprofil aufweisen. Nun gibt es verschiedene Möglichkeiten, Erklärungen zu finden und Hintergründe auszuloten. Schnell könnten auf diese Weise Ursachen und Bedingungsgefüge genannt werden, die einem Erklärungsbedarf entgegenkommen. Würden dabei vor allem externe Bedingungen (Strukturen von außen) herangezogen werden, blieben gleichzeitig interne Merkmale (Persönlichkeitsfaktoren) unberücksichtigt, mit der Folge, dass ein „Schwarzer Peter" schnell gefunden wäre.

Ausgehend von der Überzeugung, dass „der Mensch allein Haupt-akteur seines Un-/Glücks, seiner Lebensgestaltung und Nutzung seiner Qualitäten" ist, soll an dieser Stelle zum Ausdruck kommen, dass ErzieherInnen es selbst – und zwar in einem ganz entschei-denden Maße – in der Hand haben, wie ihre berufliche Gegenwart und Zukunft gestaltet und geplant wird. Dazu ein Beispiel aus dem Alltag: Menschen, die mit bestimmten kommunal-, landes- oder bundespolitischen Entscheidungen nicht zufrieden sind, zeigen ganz unterschiedliche Reaktionen: Die einen schimpfen im Freun-deskreis oder am Stammtisch und regen sich auf, andere wiede-rum zucken resigniert die Schultern und meinen, sie könnten doch nichts machen, weil „die Großen da oben" doch alles nach eigenen Vorstellungen gestalten, ohne „den kleinen Mann auf der Straße" zu beachten. Beide Reaktionsmuster tragen aber nicht dazu bei, etwas zu verändern. Eine dritte Gruppe wendet sich dagegen direkt und auf einer sachlichen Ebene an die, die für bestimmte Ent-scheidungen verantwortlich sind, und wird aktiv, um Innovationen zu erreichen.

Letzteres soll auf die Berufsgruppe der ErzieherInnen übertragen werden: Beruflich-personale Identität, Autonomie, Kompetenz und Professionaliät sind die Grundlagen einer aktiven Lebensplanung, sowohl für den privaten als auch den beruflichen Bereich. Sie ma-chen das eigene Selbstverständnis aus und geben Impulse, be-stimmte Erfahrungen zu reflektieren, Ziele zu entwerfen, Wege und Handlungsschritte einzuleiten und gefundene Ziele zu strukturieren, Einzelschritte vorzubereiten und konsequent umzusetzen. Aktivitä-ten und Motivationen sind dabei die Hauptquellen des Prozesses.

Voraussetzungen für eine aktive Lebensplanung

In der Elementarpädagogik ist es üblich, eine ganze Reihe von Zielen, was Kinder im Laufe ihrer Kindergartenzeit alles „lernen" sollen, zu formulieren. So heißt es zum Beispiel, dass Kinder „sich mit sich selbst und anderen auseinandersetzen sollen, eigene

Bedürfnisse wahrnehmen und mit denen anderer abwägen, sich selbst behaupten und zur Selbstständigkeit finden sollen, sich selbst in Ruhe mit sich und anderen beschäftigen beziehungsweise ihre eigene Identität finden, auf- und ausbauen, Ziele formulieren und mit eigenen Bedürfnissen abwägen, sich erfahren und erleben sollen. Fähigkeiten, um die Zukunft zu meistern. Im Sinne einer aktiven Gegenwarts- und Zukunftsgestaltung ist es aber notwendig, dass ErzieherInnen (wie alle anderen Profis in der psychosozialen Versorgung auch!) zunächst einmal die Ziele, die für andere formuliert werden, auf die eigene Person übertragen, getreu der deutlichen Aussage, dass nur der-/diejenige andere in ihrer Entwicklung begleiten kann, der/die sich selbst begleitet. Fremde Ziele müssen zu eigenen Zielen werden, fremde Erwartungen müssen zu Erwartungen an sich selbst und fremde Ansprüche müssen zu eigenen Ansprüchen werden. Andernfalls würde die Pädagogik zu einem inhaltsleeren Bündel hochgesteckter Hoffnungen emporschnellen und so zu einem „methodischen Mittel" für andere verkümmern.

Beruflich-personale Identität kommt nicht von allein, sondern ist das Ergebnis einer strukturierten Auseinandersetzung mit sich selbst, mit der eigenen Biografie als „Erzogene(r)", mit einer Vergangenheit unter Berücksichtigung bestimmter Erfahrungen, Erlebnisse und Ereignisse. Jedes Leben hat seine eigenen Gesetze, seine besondere familiäre Struktur mit ihren eigenen sozialen Bedingungen. Eine beruflich-personale Identität zu finden heißt daher, Kindheitserinnerungen hervorzuholen, Abhängigkeiten zu entdecken und aufzuarbeiten, Traumata zu identifizieren und zu aktualisieren, unerfüllte Bedürfnisse zu bemerken und in ihrer Bedeutung für das heutige Leben zu begreifen. Das hat zum Beispiel die Konsequenz, sich bei dem Wunsch nach Fort- und Weiterbildung auf die Seminare einzulassen, die auch den Schwerpunkt „Persönlichkeitsbildung" beinhalten, um Fragen und innere Auseinandersetzungen zu klären. Isolierte Fortbildungen, bei denen es beispielsweise um den Erwerb von „Bastelfertigkeiten" geht, sind nicht nur wenig hilfreich und unprofessionell, sie geben auch ein Bild wieder, das gleichsam ein Spiegel für die berufliche Persönlichkeit der ErzieherIn ist. Hat – und diese Frage sei an dieser Stelle erlaubt – vielleicht doch das „Berufsspecial" nicht ganz unrecht, wenn es um die Festigung einer traditionellen Vorstellung des ErzieherInnenberufs geht?

Autonomie ist sicher im Beruf der ErzieherInnen ebenso wichtig wie in anderen pädagogischen und therapeutischen Berufen, gilt es doch, die Unabhängigkeit einer eigenständigen Pädagogik – im Unterschied zu einer schul- oder förderdiagnostischen Pädagogik – zu dokumentieren wie auch die Unabhängigkeit eines Berufsstandes und der Personen selbst. Denn die Aufgabe einer Entwicklungsbegleitung leitet sich allein von der Fragestellung ab, wie Kinder aufwachsen, welche Erfahrungen sie im Hinblick auf ihre Selbstständigkeit und Nutzung der Entwicklungschancen gemacht haben und was Kinder brauchen, um ihren eigenen „Entwicklungszeitraum Kindheit" zu erleben.

Dazu ist es notwendig, dass sich ErzieherInnen in dem Beziehungs- und Erwartungsgeflecht selbst behaupten und in deutlicher Abwägung der vielfältigen Erwartungen entscheiden, eine Pädagogik zu gestalten, die sowohl eine kritische Reflexion traditioneller Normen und Werte enthält wie die Auseinandersetzung mit neuen wissenschaftlichen Erkenntnissen und bildungspolitischen Strömungen. Je weniger Fachwissen vorhanden ist, desto eher besteht die Gefahr, sich von Außenerwartungen abhängig zu machen. Erinnert sei dabei an die häufig zu beobachtende schnelle Übernahme irgendwelcher Ansätze oder „moderner Strömungen".

Um Autonomie zu erlangen, bedarf es vor allem folgender Verhaltensweisen: Mut, Risikofähigkeit, Neugierde, Interesse, Suche nach Sinnzusammenhängen und Legitimationen für bestimmte Arbeitsvorhaben, Entscheidungsfreude und Abgrenzung von überzogenen Erwartungen, Durchsetzungsfähigkeit und Klarheit/Sachlichkeit in Auseinandersetzungen.

Kompetenzen (Fähigkeit einer professionellen Arbeitsgestaltung) ergeben sich aus der ständigen Überprüfung des beruflichen

Handelns, dem Suchen und Finden alternativer Handlungsmöglichkeiten und vor allem der Aktivität selbst, Veränderungen zu wagen. Es gibt eine Aussage, die durch ihre Kürze und Treffsicherheit überzeugt: „Wer aufhört, besser sein zu wollen, als er ist, hört auf, gut zu sein."

Im weiten Feld der Kompetenzen sind es vor allem folgende Merkmale, die zur Erreichung von gesetzten Zielen hilfreich sind: Bei der Selbstkompetenz geht es um die Motivation, Anforderungen an sich selbst zu stellen, sich selbst für bestimmte Dinge herauszufordern und Verantwortung für das zu übernehmen, was jeder für sich und andere in Gang gesetzt hat, Bestandsaufnahmen vergangener Ereignisse vorzunehmen und Ziele so zu formulieren, dass sie erreichbar werden – und zwar nach und nach. Leider ist es ein oft zu beobachtendes Phänomen, dass manche Menschen stark überhöhte Ziele beschreiben, die zusätzlich sehr abstrakt sind, sodass dadurch die Gefahr besteht, dass alles beim Alten bleibt. Selbstkompetenz heißt, sich selbst zu vertrauen und dennoch zu hinterfragen, stolz auf etwas zu sein und nicht in Hochmut zu fallen, Sicherheiten in sich zu spüren und sich dennoch infrage zu stellen, Entscheidungen zu treffen und dennoch nicht starr zu werden, vom eigenen Wert des So-Seins überzeugt zu sein und dennoch Selbsterfahrung auf sich zu nehmen.

Bei der Sachkompetenz geht es um die ständige Qualifizierung des Wissens, die Erweiterung der fachlichen Basis und den Ausbau des vernetzten Denkens, um Sinnzusammenhänge zwischen Ursachen und Wirkungen herzustellen und das eigene Handeln auf der Grundlage neuer Erkenntnisse auszurichten. Dazu gehört unweigerlich das Lesen von Fachbüchern, Fachzeitschriften und anderen veröffentlichten Fachbeiträgen sowohl aus der Elementarpädagogik als auch verwandter Nachbarbereiche (Psychologie, Soziologie, Philosophie, Religionswissenschaft), um Sinnverknüpfungen zu entdecken. Schließlich können nur so theoretische Aussagen zur praktischen Realität werden.

Wenn es etwa um den Ausspruch geht, eine „Pädagogik vom Kinde aus" zu machen, ergibt sich die Forderung, die Ausdrucksformen von Kindern zu verstehen, indem zum Beispiel der Erzählwert von Kinderbildern, die Träume und Verhaltensweisen, die Funktionen der Auffälligkeiten und die Psychologie der Bewegung, der Zweck bestimmter Spielaktivitäten und die eigentliche Aussage von Sprachäußerungen der Kinder faktenorientiert verstanden werden. Indem etwa der eigenständige Erziehungs-, Bildungs- und Betreuungsauftrag mit Inhalt gefüllt werden kann oder die Forderung einer „ganzheitlichen Erziehung" mit vielen praktischen Beispielen belegt wird. Sachkompetenz hilft dabei, Eltern ernst zu nehmende AnsprechpartnerInnen zu sein und dem Träger sachlich fundierte Forderungen zu unterbreiten.

Schließlich ist die Forderung nach **Professionalität** gerechtfertigt, geht es doch darum, die elementarpädagogische Arbeit aus der Grauzone „alles ist richtig und alles ist falsch" herauszuholen. Nichts ist unprofessioneller als eine „Arbeit aus dem Bauch heraus" zu gestalten, ein „stückweit" die Bedürfnisse und Interessen der Kinder zu beachten oder „spontan die Arbeit zu gestalten", von heute auf morgen „ganz offen" zu arbeiten oder „aus dem Gefühl heraus zu denken und zu handeln".

Professionalität zeigt sich in einem Zusammenschluss von Selbst- und Sachkompetenz, von einem fundierten Wissen um Zusammenhänge und hohem Engagement um der Pädagogik, der Kinder und der eigenen Person willen. Professionalität äußert sich auch in der Effizienz der gesetzten und erreichten Ziele sowie in der Transparenz der Arbeit selbst. Diese kann nur entstehen, wenn auch hier der üblichen Beliebigkeit in der Entscheidung für bestimmte Fort- und Weiterbildungsmaßnahmen ein Riegel vorgeschoben wird und stattdessen professionalitätssteigernde Seminare und Veranstaltungen zum festen Bestandteil der Berufstätigkeit gehören.

Professionalität wird nicht zuletzt dadurch dokumentiert, dass sich ErzieherInnen für fundamentale Erkenntnisse aus dem Bereich des Zeit-, Struktur-, Organisations- und Konfliktmanagements öffnen, philosophische Grundlagentexte in Beziehung zu ihrer pädagogischen Haltung betrachten, Wesentliches von Unwesentlichem trennen und die Freiräume für die eigentlichen Aufgaben und Ziele nutzen, Begabungen bei sich selbst erkennen und konsequent ausbauen, in berufspolitischen und sozialkritischen Fragen mitdiskutieren, sich in Berufsverbänden und Gewerkschaften engagieren und Mitsprache- beziehungsweise Mitbestimmungsrechte einfordern, um sich und ihrer Aufgabe ein Profil zu vermitteln. Nur so kann und wird es gelingen, eigene Lebensplanungen zu verfolgen und an der beruflichen Zukunft des ausgesprochen wichtigen Berufsstandes der ErzieherInnen mitzubauen.

Berufliche Zukunftsgestaltung und Lebensplanung – (k)ein Widerspruch

Vielfach wird die Meinung vertreten, dass der Beruf der ErzieherIn ein Beruf in der Sackgasse sei, bei dem es weder Aufstiegs- noch Veränderungschancen gäbe. Wer auf dieser Grundlage argumentiert, unternimmt entweder den Versuch, das Berufsbild einzuschränken oder ist im Sinne bestehender Karrierechancen einfach nicht informiert und schadet damit der beruflichen Zukunft der ErzieherInnen.

Abgesehen davon, dass ErzieherInnen durch Zusatzausbildungen die Möglichkeiten zur Weiterqualifikation zur Heilpädagogin, zur Motopädin, Sprachheilpädagogin oder Ergotherapeutin haben, gibt es für sie viele Chancen, sich in folgenden Bereichen mit entsprechenden zusatzqualifizierenden Abschlüssen weiterzubilden: Mototherapie, systemische Beratung, personenzentrierte Gesprächsführung, klientenzentrierte Spieltherapie, personenzentrierte Spielpädagogik, Erziehungstherapeutik, Kinder- und Jugendtherapeutik, Kunsttherapie, Medienpädagogik, Tanz- und Ausdruckstherapie, Hippotherapie, themenzentrierte Interaktion, Familienberatung, Praxisberatung und Sozialmanagement, Gruppenpädagogik, pädagogisch-psychotherapeutische Arbeit mit Kindern und Jugendlichen, Gestaltpädagogik, Sexualpädagogik, Religionspädagogik, psychodramatische Rollenspielarbeit oder Theaterpädagogik, Sozialmanagement, Qualitätsmanagement oder Kulturpädagogik.

Gleiches gilt etwa für die Ausbildung zur MärchenerzählerIn, die Ausbildung in Trauerberatung, die Qualifikation für die Durchführung von Entspannungskursen für Kinder, Jugendliche und Erwachsene, die Zusatzausbildung für die Arbeit mit sexuell misshandelten Kindern oder die Qualifizierung zum Montessori-Diplom, Ausbildung zur DozentIn in der Erwachsenenbildung oder zur wissenschaftlichen SchriftpsychologIn, die Ausbildung in Bioenergetik oder Bibliodrama, die Zusatzausbildung als SpielleiterIn in Theatergruppen oder in der Museumspädagogik. Diese Hinweise sind nur ein kleiner Teil der vielfältigen Möglichkeiten, Ziele der eigenen Lebensplanung mit der beruflichen Zukunft zu verbinden, wenn ein Abschied aus der Kindergartenpädagogik ansteht. Es gibt eine Reihe von ErzieherInnen, die sich durch Zusatzausbildungen für andere Berufsschwerpunkte entschieden haben. Sei es für die Arbeit in Familienbildungsstätten, an Fachschulen, in Krankenhäusern oder Erziehungs- und Lebensberatungsstellen, in Volkshochschulen oder Fortbildungsinstitutionen. Darüber hinaus gibt es auch ErzieherInnen mit entsprechenden Zusatzausbildungen, die inzwischen eine eigene Praxis eröffnet haben und auf der Grundlage des Urteils des Bundesverwaltungsgerichts (BVerwG 3 C 34.90, 8 OVG A 5/88) die Chance ergriffen haben, zur heilkundlich, psychologisch-therapeutischen Tätigkeit zugelassen zu werden.

Selbstverständlich ist eine solche Professionalisierung und Planung der beruflichen Zukunft immer mit einem Zeit- und Kostenaufwand verbunden – verständlich und notwendig, wenn es darum geht, sich über eine nicht ausreichende Grundausbildung hinaus zu qualifizieren. Chancen sind da, nun gilt es, wie für alle ArbeitnehmerInnen, Prioritäten zu setzen und das Gewünschte zur Realität werden zu lassen: entweder zur weiteren Verbesserung der Elementarpädagogik – im Interesse der Kinder und der eigenen Person, des Berufsbildes und des Berufsstandes – oder zur Neuorientierung innerhalb des Berufs.

Fragen, die zur eigenen Auseinandersetzung anregen

Die Gestaltung der beruflichen Zukunft und eines professionellen Umgangs mit der eigenen Lebensplanung hängen in entscheidendem Maße von der Beantwortung bedeutsamer Fragen ab, weil Antworten gleichzeitig das weitere Vorgehen bestimmen ... „Bin ich mit meinem Beruf, meiner Arbeitsgestaltung, meiner aktuellen Einschätzung der Situation und der Tätigkeit an sich zufrieden?" Wird diese Frage mit einem klaren „Ja" beantwortet, gibt es sicher keinen Grund für eine Umgestaltung der Lebensplanung. Folgt dagegen ein „eher Nein" oder ein „entschiedenes Nein", ergeben sich neue Fragen:

- Was will ich verändern?

- Welche Schritte sind dafür notwendig?

- Was ist mein Ziel?

- Wo liegen meine Schwerpunkte, meine Stärken und Fähigkeiten, und wo/wie kann/muss ich sie ausbauen, um mein Ziel zu erreichen?

- Welche zeitlichen und finanziellen Möglichkeiten habe ich, meine Kompetenzen auf- und auszubauen?

- Welcher Veranstalter offeriert Angebote, die meinen zeitlichen und finanziellen Möglichkeiten entgegenkommen?

- Welcher Abschluss (welche Anerkennung) ist erreichbar, und welche beruflichen Perspektiven bieten sich an?

- Welches Risiko bin ich bereit zu tragen, und welche Konsequenzen sind mit der Zusatzausbildung verbunden?

- Welche Schritte müssen Stück für Stück eingeleitet werden, um das berufliche Ziel zu erreichen?

Einerseits bietet es sich an, mit KollegInnen und FachberaterInnen – mit entsprechenden Kompetenzen – die Gestaltung der beruflichen Zukunft zu besprechen, andererseits kann überlegt werden, die professionelle Hilfe eines elementarpädagogischen Sachverständigen in Anspruch zu nehmen, um eine persönliche Karriereberatung zu erhalten. Die Praxis zeigt, dass auf diesem Wege viele ErzieherInnen ihrem beruflichen Entwicklungsweg eine neue Richtung gegeben haben. Sei es für die Arbeit in der Einrichtung selbst oder sei es für einen neuen Berufsweg in einer anderen Institution bzw. in einer freiberuflichen/selbstständigen Tätigkeit. Die Zukunft beim Schopfe packen heißt: sich selbst an die Hand zu nehmen und für eine Entwicklungsqualität zu sorgen, die **für alle** beteiligten Personen ein Gewinn ist. Damit würden ErzieherInnen selbst für eine neue Professionalität im Beruf sorgen und aus einer entwickelten Innenqualität eine verbesserte Außenqualität entstehen lassen.

Zur Person

Dr. Armin Krenz, Honorarprofessor (Bukarest), geb. 1952, war von 1975 bis 1979 in einer Erziehungsberatungsstelle und von 1979 bis 1985 bei der Landeskirche Schleswig-Holstein in der Abteilung „Aus-, Fort- und Weiterbildung von pädagogischen MitarbeiterInnen" tätig.

Seit 1985 arbeitet er am außeruniversitären Institut für angewandte Psychologie und Pädagogik (IFAP), in Kiel.

Arbeitsschwerpunkt im Feld der Elementarpädagogik: entwicklungspsychologisch orientierte Grundlagenpädagogik für Kindertageseinrichtungen; Qualitätsentwicklung; Basiskompetenzen elementarpädagogischer Fachkräfte.

Tätigkeitsfelder: Forschung, Fort- und Weiterbildung im o. g. Arbeitsschwerpunkt, Vernetzung aktueller Ergebnisse aus den Feldern der Bildungs-/Bindungsforschung, Neurobiologie + Entwicklungspsychologie und deren Bedeutungswert für die Praxis, Organisations-/Institutions-/Personberatung sowie psychologisch-therapeutische Arbeit im Rahmen besonderer Fragestellungen, sexualtherapeutische Arbeit.

Darüber hinaus ist er Autor von 30 Fachbüchern in einer Gesamtauflage von über 750.000 verkauften Exemplaren (u. a. Kösel-Verlag, Burckhardthaus-Laetare, Bildungsverlag EINS, Olzog-Verlag, Cornelsen Verlag Scriptor), Verfasser von mehr als 300 Artikeln in Fachzeitschriften sowie regelmäßiger Rezensent für das elementarpädagogische Standardwerk „Handbuch für Erzieher/innen in Krippe, Kindergarten, Kita und Hort", dessen Herausgeber er auch von 2001 bis 2012 war.

Zurzeit lieferbare Buchpublikationen des Autors

Der „Situationsorientierte Ansatz" in der Kita. Grundlagen und Praxishilfen zur kindorientierten Arbeit. Bildungsverlag EINS, Troisdorf/Köln 2008 (Neuauflage: 2013, SCHUBI-Verlag, Schaffhausen)

Konzeptionsentwicklung in Kindertagesstätten – professionell, konkret, qualitätsorientiert. Bildungsverlag EINS, Troisdorf/Köln 2008 (Neuauflage: 2013, SCHUBI Verlag, Schaffhausen)

Gruppendynamische Interaktionsexperimente. Spiele, die eigenes Verhalten bewusst machen und störende Verhaltensweisen positiv verändern können. Verlag gruppenpädagogischer Literatur, Wehrheim, 4. Aufl. 2006

Professionelle Öffentlichkeitsarbeit in Kindertagesstätten. Bildungsverlag EINS, Troisdorf/Köln 2009

Qualitätssicherung in Kindertagesstätten. Das „Kieler Instrumentarium für Elementarpädagogik und Leistungsqualität", K. I. E. L., E. Reinhardt Verlag, München 2001

Kinder brauchen Seelenproviant. Was wir ihnen für ein glückliches Leben mitgeben können. Kösel-Verlag, München, 3. Aufl. 2012

Werteentwicklung in der frühkindlichen Bildung und Erziehung. Cornelsen Verlag Scriptor, Berlin 2007

Qualitätssicherung in Kindertagesstätten. Das „Kieler Instrumentarium für Elementarpädagogik und Leistungsqualität", K. I. E. L.. E. Reinhardt Verlag, München 2001

Psychologie für ErzieherInnen und Erzieher. Grundlagen für die Praxis. Cornelsen Verlag Scriptor, Berlin 2007 (Nachdruck 2010)

Beobachtung und Entwicklungsdokumentation im Elementarbereich. Buch + CD-ROM). Olzog Verlag, München 2009

Kindorientierte Elementarpädagogik (Hrsg.). Verlag Vandenhoeck & Ruprecht, Göttingen 2010

Kinderseelen verstehen. Verhaltensauffälligkeiten und ihre Hintergründe. Kösel-Verlag, München 2012

Bildung durch Bindung. Frühpädagogik: inklusiv und beziehungsorientiert. (Krenz, A./Klein, Ferdinand)

Spiele(n) mit geistig behinderten Kindern und Jugendlichen. Spielimpulse zum Erleben von Spaß und Kommunikation und notwendige Hinweise für eine Spieldidaktik unter sonderpädagogischer Sicht. Verlag gruppenpädagogischer Literatur, Wehrheim, 5. Aufl. 2003

Teamarbeit und Teamentwicklung. Grundlagen und praxisnahe Lösungen für eine effiziente Zusammenarbeit. Verlag gruppenpädagogischer Literatur, Wehrheim, 2. Aufl. 2004

Was Kinder brauchen. Aktive Entwicklungsbegleitung im Kindergarten. Cornelsen Verlag Scriptor, Berlin, 7. Aufl. 2010

Was Kinderzeichnungen erzählen. Kinder in ihrer Bildsprache verstehen. verlag modernes leben, Dortmund, 3. Aufl. 2010

Ist mein Kind schulfähig? Eine Orientierungshilfe Kösel-Verlag, München, 7. Aufl. 2010

Literaturhinweise

Grundlagenorientierung

Astington, Janet: Wie Kinder das Denken entdecken. Ernst Reinhardt Verlag, München 2000

Becker-Stoll, Fabienne/Nagel, Bernhard (Hrsg.): Bildung und Erziehung in Deutschland. Pädagogik für Kinder von 0–10 Jahren. Cornelsen Verlag Scriptor, Berlin 2009

Bowly, John: Frühe Bindung und kindliche Entwicklung. Ernst Reinhardt Verlag, München, 4. neugest. Aufl. 2001

Brooks, Robert & Goldstein, Sam: Das Resilienz-Buch. Wie Eltern ihre Kinder fürs Leben stärken. Verlag Klett-Cotta, Stuttgart 2007

Crain, William: Lernen für die Welt von morgen. Arbor Verlag, Freiamt 2005

Friedrich, Hedi: Beziehungen zu Kindern gestalten. Beltz Verlag, Weinheim, 3. Aufl. 2003

Greenspan, Stanley I.: Starke Kinder. Beltz Verlag, Weinheim 2008

Haug-Schnabel, G. & Schmid-Steinbrunner, B.: Wie man Kinder von Anfang an stark macht. Oberstebrink Verlag, Ratingen, 2. Aufl. 2003

Hurrelmann, Klaus & Unverzagt, Gerlinde: Kinder stark machen für das Leben. Herzenswärme, Freiräume, klare Regeln. Verlag Herder, Freiburg 1998

Krenz, Armin (Hrsg.): Psychologie für ErzieherInnen und Erzieher. Grundlagen für die Praxis. Cornelsen Verlag, Berlin, Nachdruck 2010

Krenz, Armin: Werteentwicklung in der frühkindlichen Bildung und Erziehung. Cornelsen Verlag Scriptor, Berlin 2007

Krenz, Armin (Hrsg.): Kindorientierte Elementarpädagogik. Verlag Vandenhoeck & Ruprecht, Göttingen 2010

Krenz, Armin/Klein, Ferdinand: Bildung durch Bindung. Frühpädagogik: in-klusiv und beziehungsorientiert. Verlag Vandenhoeck & Ruprecht, Göttingen 2012

Krenz, Armin: Konzeptionsentwicklung in Kindertagesstätten – professionell, konkret, qualitätsorientiert. Bildungsverlag EINS, Troisdorf/Köln 2008

Lilienfeld, Scott O. et al.: Warum Mozart Babys nicht schlauer macht. Wissen-schaftliche Buchgesellschaft, Darmstadt 2011

Lutz, Barbara/Knauf, Tassilo: Kinder suchen Sinn, Wahrheit und Glück. Was kann eine gegenwartsorientierte Pädagogik bieten? Cornelsen Verlag Scrip-tor, Berlin 2009

Milz, Ingeborg/Schwiderski, Irmgard: Zeit der Zuwendung. Kindern und Ju-gendlichen gerecht werden. Praxisbuch. Verlag modernes lernen, Dortmund 2011

Opp, Günther & Fingerle, Michael (Hrsg.): Was Kinder stärkt. Erziehung zwi-schen Risiko und Resilienz. Ernst Reinhardt Verlag, München/Basel, 2. Aufl. 2007

Renz-Polster, Herbert: Menschenkinder. Plädoyer für eine artgerechte Erzie-hung. Kösel-Verlag, München 2011

Schneider, Wolfgang/Lindenberger, Ulmann (Hrsg.): Entwicklungspsycholo-gie. Beltz Verlag, Weinheim, 7. Aufl. 2012

Singerhoff, Lorelies: Kinder brauchen Sinnlichkeit. Die Bedeutung und Förde-rung kindlicher Sinneswahrnehmung. Beltz Verlag, Weinheim 2001

Textor, Martin R.: Zukunftsorientierte Pädagogik: Erziehen und Bilden für die Welt von morgen. Books on Demand GmbH, Norderstedt 2012

Thole, Werner et al.: Bildung und Kindheit. Pädagogik der frühen Kindheit in Wis-senschaft und Lehre. Verlag Barbara Budrich, Opladen 2008

Wustmann, Corina: Resilienz. Widerstandsfähigkeit von Kindern in Tageseinrichtungen fördern. Beltz Verlag, Weinheim 2004

Zimpel, André Frank (Hrsg.): Zwischen Neurobiologie und Bildung. Vanden-hoeck & Ruprecht, Göttingen 2019

Kinder im Mittelpunkt der Pädagogik (was Kinder brauchen)

Arnold, Margret: Kinder denken mit dem Herzen. Beltz Verlag, Weinheim/Basel 2011

Bergmann, Wolfgang: Lasst eure Kinder in Ruhe! Gegen den Förderwahn in der Erziehung. Kösel-Verlag, München 2011

Gebauer, Karl: Klug wird niemand von allein. Kinder fördern durch Liebe. Patmos Verlag, Düsseldorf 2007

Günster, Ursula: Kinder auf ihrem Weg begleiten. Ein Erziehungsratgeber. Kaufmann Verlag, Laar 2007

Hédervári-Heller, Éva: Emotionen und Bindung bei Kleinkindern. Entwicklungen verstehen und Störungen behandeln. Beltz Verlag, Weinheim 2011

Juul, Jesper: 4 Werte, die Kinder ein Leben lang tragen. Verlag Gräfe und Unzer, München 2012

König, Anke: Interaktion als didaktisches Prinzip. Bildungsprozesse bewusst begleiten und gestalten. Bildungsverlag EINS, Troisdorf 2010

Korczak, Janusz: Das Recht des Kindes auf Achtung. Verlag Vandenhoeck & Ruprecht, Göttingen, 6. Aufl. 1998

Korczak, Janusz: Leben für andere. Gedanken und Meditationen. Gütersloher Verlagshaus, Gütersloh 1997

Korczak, Janusz: Sämtliche Werke. Band 4: Wie man ein Kind liebt. Erziehungsmomente. Das Recht des Kindes auf Achtung. Fröhliche Pädagogik. Gütersloher Verlagshaus, Gütersloh 1999

Korczak, Janusz: Verteidigt die Kinder! Hrsg. von Dauzenroth, Erich. Gütersicher Verlagshaus, Gütersloh, 6. vollst. neu bearb. Aufl. 2001

Korczak, Janusz: Von Kindern und anderen Vorbildern. Hrsg. und neu bearb. von Dauzenroth, Erich. Gütersicher Verlagshaus, Gütersloh, 4. Aufl. 2001

Korczak, Janusz: Wie man ein Kind lieben soll. Verlag Vandenhoeck & Ruprecht, Göttingen, 12. Aufl. 1998

Krenz, Armin: Kinder brauchen Seelenproviant. Was wir ihnen für ein glückliches Leben mitgeben können. Kösel-Verlag, München, 3. Aufl. 2012

Krenz, Armin: Was Kinder brauchen. Aktive Entwicklungsbegleitung im Kindergarten. Cornelsen Verlag Scriptor, Berlin, 7. Aufl. 2010

Krenz, Armin: Beobachtung und Entwicklungsdokumentation im Elementarbereich. Olzog Verlag, München 2009

Largo, Remo H.: Kinderjahre. Die. Individualität des Kindes als erzieherische Herausforderung. Piper Verlag, München 1999

Lee, Jeffrey: Abenteuer für eine echte Kindheit. Eine Anleitung. Piper Verlag, 2004

Pausewang, Freya: Macht mich stark für meine Zukunft. Verlag oekom, München 2012

Romberg-Asboth, Ingrid: Wenn die Kinderseele weint. Seelische Nöte erkennen und verstehen. Kösel-Verlag, München 1999

Weber, Andreas: Mehr Matsch! Kinder brauchen Natur. Ullstein Verlag, Berlin 2012

Ausdrucksformen der Kinder

Doherty-Sneddon, Gwyneth: Was will das Kind mir sagen? Die Körpersprache des Kindes verstehen lernen. Verlag Hans Huber, Bern 2005

Finger, Gertraud & Simon-Wundt, Traudel: Was auffällige Kinder uns sagen wollen. Verhaltensstörungen neu deuten. Verlag Klett-Cotta, Stuttgart 2002

Hauch, Gitta: „Der Doktor hat gesagt, es ist psychosomatisch ...“ Kinder-psychosomatik für Eltern, Therapeuten und alle, die neugierig sind. Verlag modernes Lernen, Dortmund 2004

Hopf, Hans: Wenn Kinder krank werden. Besser verstehen, einfühlsamer helfen. Verlag Klett-Cotta, Stuttgart 2007

Krenz, Armin: Was Kinderzeichnungen erzählen. Kinder in ihrer Bildsprache verstehen. Verlag modernes lernen, Dortmund, 3. Aufl. 2010

Krenz, Armin: Kinderseelen verstehen. Verhaltensauffälligkeiten und ihre Hintergründe. Kösel-Verlag, München 2012

Martel, Jacques: Mein Körper – Barometer der Seele. VAK Verlag, Kirch-zarten, 8. Aufl. 2011.

Morschitzky, Hans/Sator, Sigrid: Wenn die Seele durch den Körper spricht. Psychosomatische Störungen verstehen und heilen. Patmos Verlag, Düssel-dorf 2009

Romberg-Asboth, Ingrid: Wenn die Kinderseele weint. Seelische Nöte er-kennen und verstehen. Kösel-Verlag, München (– Achtung: das Buch gibt es leider im Buchhandel nicht mehr – übers Antiquariat versuchen!)

Schmid König, Nelia: Damit Kindern kein Flügel bricht. Kindliche Verhaltens-auffälligkeiten verstehen und ein gutes Familienklima fördern. Kösel-Verlag, München 2010

Vollmar, Klausbernd: Welt der Symbole. Lexikon. Verlag Königsfurt, Krumm-wisch 2003

Vollmar, Klausbernd: Symbole von A–Z. Alle Symbole aus Traum, Märchen, Geschichte und Alltagsleben. Pabel-Moewig Verlag, Rastatt 2003

Vollmar, Klausbernd: Das große Handbuch der Farben. Symbolik, Wirkung, Deutung. Verlag Königsfurt, Krummwisch 2005

Kinderrechte

Brandes, Holger: Selbstbildung in Kindergruppen. Die Konstruktion sozialer Beziehungen. Ernst Reinhardt Verlag, München 2008

Erhardt, Markus et al.: Echte KinderRechte. Das Lieder- und Projektbuch zu Kinderrechten. Kontakte Musikverlag, Lippstadt, 2. Aufl. 2009

Verhaltensirritationen

Fröhlich-Gildhoff, Klaus: Verhaltensauffälligkeiten bei Kindern und Jugendlichen. Ursachen, Erscheinungsformen und Antworten. Verlag W. Kohlhammer, Stuttgart 2007

Herbst, Thorsten: Die kindliche Einsamkeit. Junfermann Verlag, Paderborn 2010

Nissen, Gerhardt: Kulturgeschichte seelischer Störungen bei Kindern und Jugendlichen. Verlag Klett-Cotta, Stuttgart 2005

Palmowski, Winfried: Nichts ist ohne Kontext. Systemische Pädagogik bei „Verhaltensauffälligkeiten". Verlag modernes lernen, Dortmund 2007

Schirmer, Brita: Herausforderndes Verhalten in der Kita. Zappelphilipp, Trotzkopf & Co. Verlag Vandenhoeck & Ruprecht, Göttingen 2011

Steinhausen, Hans-Christoph: Seelische Störungen im Kindes- und Jugendalter. Verlag Klett-Cotta, Stuttgart, 2. Aufl. 2000

Textor, Martin R. (Hrsg.): Problemkinder? Auffällige Kinder in Kindergarten und Hort. Belter Verlag, Weinheim 1996

Trapmann, Hilde/Rotthaus, Wilhelm: Auffälliges Verhalten im Kindesalter. Handbuch für Eltern und Erzieher – Band 1. Verlag modernes lernen, Dortmund, 10. Aufl. 2003

Von Suchodoletz, Waldemar: Prävention von Entwicklungsstörungen. Hogrefe Verlag, Göttingen 2007

Achtsamkeit

Aldort, Naomi: Von der Erziehung zur Einfühlung. Wie Eltern und Kinder gemeinsam wachsen können. Arbor Verlag, Freiamt 2009

Altner, Nils (Hrsg.): Achtsamkeit im Kindergarten. Wie das Miteinander gelingt. Beltz Verlag, Weinheim 2012

Altner, Nils: Achtsam mit Kindern leben. Wie wir uns die Freude am Lernen erhalten. Kösel-Verlag, München 2009

Kaiser Greenland, Susan: Wache Kinder. Wie wir unseren Kindern helfen, mit Stress umzugehen und Glück, Freude und Mitgefühl zu erleben. Arbor Verlag, Freiburg 2011

McCurry, Christopher: Ihr ängstliches Kind mit Achtsamkeit und Akzeptanz begleiten. Arbor Verlag, Freiburg 2011

Spiele(n)/Schulfähigkeit

Donaldson, Fred O.: „Von Herzen spielen – die Grundlagen des ursprünglichen Spiels". Arbor Verlag, Freiamt 2007

Gebauer, Karl: Klug wird niemand von allein. Patmos Verlag, Düsseldorf 2007

Hüther, Gerald/Gebauer, K. (Hrsg.): Kinder brauchen Spielräume – Perspektiven für eine kreative Erziehung. Patmos Verlag, Düsseldorf 2003

Krenz, Armin: Ist mein Kind schulfähig? Eine Orientierungshilfe. Kösel-Verlag, München, 7. Aufl. 2010

Oerter, Rolf: Psychologie des Spiels. Ein handlungstheoretischer Ansatz. Beltz Verlag, Weinheim 1999

Pausewang, Freya: Dem Spielen Raum geben. Grundlagen und Orientierungshilfen ... Cornelsen Verlag, Berlin 2006

Pohl, Gabriele: Kindheit – aufs Spiel gesetzt. Warum Spielen nötig ist, damit Kinder ihre körperlichen, seelischen und geistigen Fähigkeiten entfalten können und was sie dazu brauchen. dohrmannVerlag, Berlin, 2. Aufl. 2008

Pramling Samuelsson, Ingrid/Asplund Carlsson, Maj: Spielend lernen. Bildungsverlag EINS, Troisdorf 2007

vom Wege, Brigitte/Wessel, Mechthild: Spielen im Beruf. Spieltheoretische Grundlagen für pädagogische Berufe. Bildungsverlag EINS, Troisdorf 2004

Zimpel, André Frank: Lasst unsere Kinder spielen! Der Schlüssel zum Erfolg. Vandenhoeck & Ruprecht, Göttingen 2011

ErzieherInnen als Ausgangspunkt für eine humanistisch orientierte und professionell gestaltete Pädagogik

Becker-Stoll, Fabienne/Textor, Martin R. (Hrsg.): Die ErzieherIn-Kind-Beziehung. Zentrum von Bildung und Erziehung. Cornelsen Verlag, Berlin 2007

Berry, Carmen R.: Die Erlöser-Falle. Lust und Frust der Helfertypen. Econ Verlag, München 1993

Cisand, Ekkehard: Psychologie der Persönlichkeit. Eine Einführung. Sauer Verlag, 8. durchges. Aufl. 2000

Felser, Georg: Selbstmotivation. Mit Energie und Tatkraft zum Erfolg. Cornelsen Verlag, Berlin 2012

Frick, Jürg: Die Kraft der Ermutigung. Grundlagen und Beispiele zur Hilfe und Selbsthilfe. Verlag Huber, Bern 2007

Gordon Ramsay, Graham/Barlow Sweet, Holly: Reiseführer zum Selbst. Wer bin ich und wer will ich sein? Verlag Huber, Bern 2010

Huber, Cheri/Guyol, Melinda: aus liebe zu kindern. Gut für sich selbst sorgen und achtsam erziehen. Kösel Verlag, München 2004

Hüther, Gerald/Nitsch, Cornelia: Wie aus Kindern glückliche Erwachsene werden. Gräfe & Unzer Verlag, München 2008

Little, Bill L.: Selbstzerstörung leicht gemacht. Wie Sie sich Probleme schaffen und wieder loswerden. Verlag Huber, Bern 2010

Martin, Richard/Schuster, Ottilia: Survivalstrategien für Beruf und Alltag. Überleben im Veränderungsdschungel. Beltz Verlag, Weinheim 2005

Mettler-v. Beibom, Barbara: Gelebte Wertschätzung. Eine Haltung wird lebendig. Kösel-Verlag, München 2007

Missildine, W. Hugh: In dir lebt das Kind, das du warst. Vorschläge zur Bewältigung des Alltags. Verlag Klett-Cotta, Stuttgart,13. Aufl. 1999

Müller, Günther F./Braun, Walter: Selbstführung. Wege zu einem erfolgreichen und erfüllten Berufs- und Arbeitsleben. Verlag Huber, Bern 2009

Potreck-Rose, Friederike: Von der Freude, den Selbstwert zu stärken. Klett-Cotta, Stuttgart 2006

Rodner, Manuela/Greine, Rita: Die Haltung macht's. Cornelsen Verlag, Berlin 2012

Schmidbauer, Wolfgang: Die Angst vor Nähe. Rowohlt Verlag, Reinbek 2000

Schmidbauer, Wolfgang: Helfen als Beruf. Die Ware Nächstenliebe. Rowohlt Verlag, Reinbek 1992

Schmidbauer, Wolfgang: Wenn Helfer Fehler machen. Liebe, Missbrauch und Narzismus. Rowohlt Verlag, Reinbek 1997

Stöcklin-Meier, Susanne: Was im Leben wirklich zählt. Mit Kindern Werte entdecken. Kösel-Verlag, München 2003

Qualität in der Elementarpädagogik

Amrein, Bärbel/Amrein, Kurt: Qualitätsmanagement in Arbeitsfeldern der Frühen Bildung. Bildungsverlag EINS, Köln 2011

Boeßebnecker, Karl-Heinz u. a. (Hrsg.): Qualitätskonzepte in der Sozialewn Arbeit. Eine Orientierung für Ausbildung, Studium und Praxis. Beltz Verlag, Weinheim 2003

Bostelmann, Antje/Metze, Thomas (Hrsg.): Der sichere Weg zur Qualität. Kindertagesstätten als lernende Unternehmen. Luchterhand Verlag, Neuwied 2000

Bremische Evang. Kirche, Landesverband Evang. Tageseinrichtungen für Kinder (Hrsg.): Qualität für Kinder – Zwischen Markt und Menschlichkeit. Kallmeyer'sche Verlagsbuchhandlung, Seelze 1999

Denning, Thomas: Gut! Besser! Kita! Das Teampraxisbuch zur pädagogischen Qualität. Bildungsverlag EINS, Troisdorf 2010

Glöckner-Hertle, Ulrike/Wünsche, Michael: Qualitätsmanagement in Kindertagesstätten. Maßstäbe setzen – Profil gewinnen. Burckhardthaus-Laetare Verlag, Offenbach 2000

Korsten, Susanne/Wansing, Gudrun: Qualitätssicherung in der Frühförderung. Planungs- und Gestaltungshilfen zum Prozess der Qualitätsentwicklung. Verlag modernes lernen, Dortmund 2000

Krenz, Armin: Qualitätssicherung in Kindertagesstätten. Kieler Instrumentarium für Elementarpädagogik und Leistungsqualität – K. I. E. L. Ernst Reinhardt Verlag, München 2001

Kronberger Kreis für Qualitätsentwicklung in Kindertageseinrichtungen: Qualität im Dialog entwickeln. Wie Kindertageseinrichtungen besser werden. Kallmeyer'sche Verlagsbuchhandlung, Seelze 1998

Peterander, Franz/Speck, Otto (Hrsg.): Qualitätsmanagement in sozialen Einrichtungen. Ernst Reinhardt Verlag, München 2004

Schlecht, Daena et al.: KITA – Wie gut sind wir? Cornelsen Verlag Scriptor, Berlin 2008